DIANA

Das Buch

Billy Wilder: Sein Name ist Legende und steht für höchste Filmqualität, »Das Mädchen Irma la Douce«, »Sabrina«, »Zeugin der Anklage«, »Sunset Boulevard« ... Wir kennen sie alle. – Aber es gab auch ein Leben vor dem Film, und das war ebenso bewegt wie die späteren Jahre in Hollywood: Der junge Billy Wilder verdiente sich sein Geld als rasender Reporter, zuerst in Wien und dann im Berlin der 20er und frühen 30er Jahre. Er schrieb Reportagen, führte Interviews, verfaßte Kritiken und Feuilletons. Und was für Feuilletons: ein erschütterndes Porträt des weltberühmten Clowns Grock, eine satirische Darstellung seiner eigenen kurzen Zeit als Eintänzer im Hotel Adlon, ironische Betrachtungen über das Kaffeehaus, einen bösen Bericht über den Prinzen von Wales ...

Der Prinz von Wales geht auf Urlaub stellt uns die seit 70 Jahren in den Pressearchiven schlummernden Juwelen vor, die sich allesamt messen können mit der großen Feuilletonkunst des Swinging Berlin.

Der Autor

Billy (eigentlich Samuel) Wilder kam am 22. Juni 1906 als Sohn jüdischer Eltern im österreichischen Sucha/Galizien zur Welt. In den 20er und 30er Jahren arbeitete er als Reporter in Wien und Berlin. 1933 emigrierte er in die USA, wo er über das Schreiben von Drehbüchern zur Regie fand. Insgesamt drehte er fast drei Dutzend Filme der verschiedensten Genres. Sechs Oscars und 22 Oscar-Nominierungen markieren den künstlerischen Weg eines der bedeutendsten Regisseure des 20. Jahrhunderts.

Zu Billy Wilder liegt im Wilhelm Heyne Verlag der Titel *Billy Wilder – Eine Nahaufnahme* (01/8897) von Helmut Karasek vor.

Billy Wilder
Der Prinz von Wales geht auf Urlaub

Berliner Reportagen, Feuilletons und Kritiken der zwanziger Jahre

Herausgegeben von
Klaus Siebenhaar

DIANA VERLAG

Diana Taschenbuch Nr. 62/0131

Taschenbuchausgabe 5/2000

Der Diana Taschenbuchverlag ist ein Unternehmen der
Wilhelm Heyne Verlag GmbH & Co. KG, München
Printed in Germany 2000

Umschlaggestaltung: Hauptmann und Kampa
Werbeagentur, CH-Zug
unter Verwendung eines Fotos aus dem Buch
»Hellmuth Karasek: Billy Wilder. Eine Nahaufnahme«

Satz: Schaber Satz- und Datentechnik, Wels
Druck und Bindung: Elsnerdruck, Berlin
Gedruckt auf chlor- und säurefreiem Papier

ISBN: 3-453-17207-8

http://www.heyne.de

Wer ich war.

Wie ich wurde.

Wer bin ich schon?

Nebbich.

Billy Wilder

Inhalt

I. Extrablatt

Reportagen und Feuilletons aus dem wirklichen Leben

II. Menschen am Sonntag

Portraits von großen und kleinen Leuten

„Herr Ober, bitte einen Tänzer!"

Aus dem Leben eines Eintänzers

Ich suche Stellung

Von

Billie Wilder

I.

Ein Leitwort zuerst aus einem Brief: Lieber B. W. — Schreiben Sie Ihre Memoiren eines Eintänzers. Das einzige, was uns heute an der Literatur noch interessiert, ist der Rohstoff, aus dem sie gemacht wird: das Leben, die Wirklichkeit, die Realität. Das Motto des „Vitalismus" lautet: Alles Lebendige ist nur ein Gleichnis. — Ihr Klabund.

*

Also nicht sich dessen schämen, was man getan hat. Nicht einmal die Ausrede vorbringen: „Beruf ist Beruf". Oder „Arbeit schändet nicht". Sondern unumwunden.

Ich habe wunschgemäß meine Entlassung als Eintänzer erhalten, und mein Zeugnis liegt in meiner Brieftasche:

Zeugnis!

Herr Billie Wilder war in unserem Hause vom 15. Oktober 1928 bis heute als Gesellschaftstänzer tätig.

Herr Wilder hat es verstanden, in seiner Eigenschaft als Tänzer sich dem verwöhntesten Publikum in jeder Weise anzupassen. Er hat sich auf seinem Posten gut bewährt und die Interessen des Hauses stets wahrgenommen.

Herr Wilder scheidet auf eigenen Wunsch aus unserem Betriebe.

Die Direktion des . . . Hotels.
Berlin W.

Also habe ich es schwarz auf weiß, daß ich zwei Monate lang Tänzer, Gesellschaftstänzer, mit einem Wort: Eintänzer gewesen bin, und obendrein ein[illegible] der „sich dem verwöhntesten Publikum in jeder Weise anzupassen verstand".

Es kam so und war, wie hier folgt: Es ging mir schlecht — — —

*

Meine Hosen sind ungebügelt, mein Gesicht mangelhaft rasiert, der Kragen schmierig, die Hemdmanschetten gewendet. Bitter schmeckt die Zunge, bleischwer die Beine, der Magen schmerzt vor Leere, und die Nerven sind kaputt. Hinter jedem Türklopfen das giftige Gesicht der Wirtin, kreischend und die Rechnung in den Fingern. Die Straße besteht für mich aus Delikateßgeschäften, Restaurants und Konditoreien, und ich halbiere meine Zigaretten, damit sie länger währen.

Es geht mir schlecht.

Heute werde ich im Bahnwartesaal schlafen.

Traurige Bilanz vor einem Zigarrengeschäft: 11 Pfennige, in der Weste noch 5, macht 16.

„Vier zu vier!"

So geht sich's leichter. Wohin?

— — — — — — — — — — — —

Potsdamer Platz. Einer schnellt durch den Lärm des Verkehrs, schwingt seinen Stock, ruft einen Kinderwagen über den Haufen.

„Hallo! Daß man Sie hier trifft! Na, kennen Sie mich nicht? Nein? Aus dem Kabarett in Wien? Ja, doch — Roberts."

Ich schäme mich in den Boden.

„Kommen Sie auf einen Kognak, Sie sind mein Gast. Auch Appetit? Ausgezeichnet. Autoooo — frei? Zu Kempinski!"

Und im Restaurant: „Bringen Sie: zweimal Fischmayonnaise, zweimal englisches Filet, halbroh bitte, zweimal Salat, eine Flasche Liebfrauen 1917. Zuerst aber zwei große Hennessy."

*

Das ist Roberts, der Tänzer: Sein Haar ist schwarz wie Tusche und glänzend wie regennasser Asphalt, seine Augen sind voller Süden, seine Nase und seine Lippen die des toten Valentino.

Er ißt warm zu Mittag und raucht Importen, in seinen Taschen klimpern Taler, er zahlt pünktlich die Miete und der Plätterin schuldet er keinen Pfennig, ja: das Wort „Hemmungen" kreuzte noch nie seinen Sinn. So leben vielleicht Milliardäre.

Gewiß er ist Tänzer. Yvette und Roberts. Er tanzte in London und in Paris, in Warschau, in Wien, in Rigaa, in Karlsbad, in Brüssel und in Rom, in San Sebastian, überall.

Er sei für den ganzen Winter in Berlin engagiert, erzählt er, während wir essen. Ein Riesenhotel, nahe an der Gedächtniskirche. Allabendlich: Yvette und Roberts in ihren Tänzen. Man sei so nett zu ihm.

„Und Sie? Was treiben Sie?"

Ich senke den Kopf, damit er meinen Kragen nicht sieht. Na — soso. Ich hätte gerade nichts, keinen Posten, seit drei Wochen schon. Aber es würde sich bald etwas finden. Ich hätte sogar eine Idee, ich hätte immer Ideen.

„Kann ich Ihnen helfen?"

Roberts legt seine Hand auf meinen Arm. Ich nestle an meiner Krawatte und blicke weg, lese die Aufschrift an der Weinflasche.

„Sie sind gut gewachsen."

Was bin ich —?

„Sie besitzen Anzüge, einen Smoking?"

Nun ja, nun ja, aber natürlich, nur gerade im Augenblick versetzt.

„Sie haben doch eine Ahnung, wie man in Gesellschaft sich verbeugt, wie man einer Dame die Hand küßt."

Ich begreife nichts.

„Sie tanzen, ich weiß es. Nun frage ich Sie: wollen Sie denn nicht aus all dem Kapital schlagen?"

Ich sehe ihn ganz blöde an.

„Ob Sie Geld verdienen wollen?"

Mein Mund ist halboffen.

„Geld, viel Geld!"

Kein Wort.

„Sie werden — Eintänzer bei uns."

„Sie werden sich morgen vorstellen."

Dann ruft er nach der Rechnung, zieht aus seiner Brieftasche einen Hundertmarkschein, so daß man noch ein Dutzend solcher Scheine sieht, und hält ihn dem Ober hin.

— — Ja, ich werde mich morgen vorstellen.

(Fortsetzung folgt)

B.Z. an Mittag vom 19. Januar 1929

I.

Extrablatt

Reportagen und Feuilletons aus dem wirklichen Leben

»Herr Ober, bitte einen Tänzer!«

Aus dem Leben eines Eintänzers

I. Ich suche Stellung

Ein Leitwort zuerst aus einem Brief. Lieber B. W. – Schreiben Sie Ihre Memoiren eines Eintänzers. Das einzige, was uns heute an der Literatur noch interessiert, ist der Rohstoff, aus dem sie gemacht wird: das Leben, die Wirklichkeit, die Realität. Das Motto des »Vitalismus« lautet: Alles Lebendige ist nur ein Gleichnis. – Ihr Klabund.

Also nicht sich dessen schämen, was man getan hat. Nicht einmal die Ausrede vorbringen: »Beruf ist Beruf«. Oder »Arbeit schändet nicht«. Sondern unumwunden.

Ich habe wunschgemäß meine Entlassung als Eintänzer erhalten, und mein Zeugnis liegt in meiner Brieftasche:

Zeugnis!

Herr Billy Wilder war in unserem Hause vom 15. Oktober 1926 bis heute als Gesellschaftstänzer tätig.

Herr Wilder hat es verstanden, in seiner Eigenschaft als Tänzer sich dem verwöhntesten Publikum in jeder Weise anzupassen. Er hat sich auf seinem Posten gut bewährt und die Interessen des Hauses stets wahrgenommen.

Herr Wilder scheidet auf eigenen Wunsch aus unserem Betriebe.‹

Die Direktion des … Hotels.
Berlin W.

Also habe ich es schwarz auf weiß, daß ich zwei Monate lang Tänzer, Gesellschaftstänzer, mit einem Wort: Eintänzer gewesen bin, und obendrein einer, der »sich dem verwöhntesten Publikum in jeder Weise anzupassen verstand«.

Es kam so und war, wie hier folgt: Es ging mir schlecht – – – Meine Hosen sind ungebügelt, mein Gesicht mangelhaft rasiert, der Kragen schmierig, die Hemdmanschetten gewendet. Bitter schmeckt die Zunge, bleischwer die Beine, der Magen schmerzt vor Leere, und die Nerven sind kaputt. Hinter jedem Türklopfen das giftige Gesicht der Wirtin, kreischend und die Rechnung in den Fingern. Die Straße besteht für mich aus Delikateßgeschäften, Restaurants und Konditoreien, und ich halbiere meine Zigaretten, damit sie länger währen.

Es geht mir schlecht.

Heute werde ich im Bahnwartesaal schlafen.

Traurige Bilanz vor einem Zigarrengeschäft:

11 Pfennige, in der Weste noch 5, macht 16.

»Vier zu vier!«

So geht sich's leichter. Wohin?

Potsdamer Platz. Einer schreit durch den Lärm des Verkehrs, schwingt seinen Stock, läuft einen Kinderwagen über den Haufen.

»Hallo! Daß man Sie hier trifft! Na, kennen Sie mich

nicht? Nein? Aus dem Tabarin in Wien? Ja, doch – Roberts.«

Ich schäme mich in den Boden.

»Kommen Sie auf einen Kognak, Sie sind mein Gast. Auch Appetit? Ausgezeichnet. Autoooo – Frei? Zu Kempinski!«

Und im Restaurant: »Bringen Sie: zweimal Fischmayonnaise, zweimal englisches Filet, halbroh bitte, zweimal Salat, eine Flasche Liebfrauen 1917. Zuerst aber zwei große Hennessy.«

Das ist Roberts, der Tänzer: Sein Haar ist schwarz wie Tusche und glänzend wie regennasser Asphalt, seine Augen sind voller Süden, seine Nase und seine Lippen die des toten Valentino.

Er ißt warm zu Mittag und raucht Importen, in seinen Taschen klimpern Taler, er zahlt pünktlich die Miete und der Plättfrau schuldet er keinen Pfennig, ja: das Wort »Hemmungen« kreuzte noch nie seinen Sinn. So leben vielleicht Milliardäre.

Gewiß, er ist Tänzer. Yvette und Roberts. Er tanzte in London und in Paris, in Warschau, in Wien, in Nizza, in Karlsbad, in Brüssel und in Rom, in San Sebastian, überall.

Er sei für den ganzen Winter in Berlin engagiert, erzählt er, während wir essen. Ein Riesenhotel, nahe an der Gedächtniskirche. Allabendlich: Yvette und Roberts in ihren Tänzen. Man sei so nett zu ihm.

»Und Sie? Was treiben Sie?«

Ich senke den Kopf, damit er meinen Kragen nicht sieht. Na – soso. Ich hätte gerade nichts, keinen Posten, seit drei Wochen schon. Aber es würde sich bald etwas finden. Ich hätte sogar eine Idee, ich hätte immer Ideen.

»Kann ich Ihnen helfen?«

Roberts legt seine Hand auf meinen Arm. Ich nestle an meiner Krawatte und blicke weg, lese die Aufschrift an der Weinflasche.

»Sie sind gut gewachsen.«

Was bin ich –?

»Sie besitzen Anzüge, einen Smoking?«

Nun ja, nun ja, aber natürlich, nur gerade im Augenblick versetzt.

»Sie haben doch eine Ahnung, wie man in Gesellschaft sich verbeugt, wie man einer Dame die Hand küßt.«

Ich begreife nichts.

»Sie tanzen, ich weiß es. Nun frage ich Sie: wollen Sie denn nicht aus all dem Kapital schlagen?«

Ich sehe ihn ganz blöde an.

»Ob Sie Geld verdienen wollen?«

Mein Mund ist halboffen.

»Geld, viel Geld!«

Kein Wort.

»Sie werden – Eintänzer bei uns.«

»Sie werden sich morgen vorstellen.«

Dann ruft er nach der Rechnung, zieht aus seiner Brieftasche einen Hundertmarkschein, so daß man noch ein Dutzend solcher Scheine sieht, und hält ihn dem Ober hin.

– – Ja, ich werde mich morgen vorstellen.

II. Der erste Tag im Hotel

Morgens hat mir Roberts zweihundert Mark geschickt – »für vorläufige standesgemäße Installierung«. Ich legte der Wirtin 75 Mark hin, à conto, war in der Pfandleihe, holte aus der Plätterei gegenüber meinen Koffer voll reiner Wäsche, saß eine Stunde beim Friseur, stand ebenso lange vor dem Spiegel, band den Knoten meiner Krawatte, nochmals und immer wieder, bürstete und bügelte.

Ich sitze in einem Klubsessel der Hotelhalle, weich und weit zurückgelehnt, ein Bein übers andere, und rauche die zehnte Zigarette schon, zu zwölf Pfennig. Das also ist das Hotel, in dem ich »arbeiten« soll. Der Page an der Drehtür hält mich für einen Gast, tief hat er die Kappe gezogen. Jetzt streift der Persianer einer Dame in schmalen, krokodilledernen Schuhen meine Knie, sie geht gegen den Lift, lächelt den Boy an, verschwindet. Ein dünner Duft von Coty, hängt noch in der Luft und reizt meine Nerven. Kofferbepackt stolpert ein Lohndiener zur Tür, ein Herr im Raglan und mit einem steifen Fuß schreibt seinen Namen ins Fremdenbuch, der Portier hält gebückten Rückens die flache Hand einem ältlichen Ehepaar entgegen, und der Barkellner balanciert zwei Manhattan und eine Limonade.

Ich sage mir: ich bin ein Narr. Schlaflose Nacht, Bedenken, Zweifel? Die Drehtür stieß mich ins Glück, gewiß. Draußen ist Winter, erkältete Freunde vom Romanischen disputieren Mitleid und Pfennige, und wissen nicht, gleich wie ich, gestern, wo übernachten. Ich aber bin Tänzer. Die große Welt wird um mich sein –. Im Tanzsaal sitzen schlankbeinige Frauen, an kleinen

Tischen Mokka schlürfend. Sie setzen die Tasse ab, und werden mich durch ihr goldgerändertes Stielglas mustern, die Karminlippen zu einem süßen, unbefriedigten Lächeln verzogen. Auf meinem Scheitel werden die Blicke eifersüchtiger Gatten und geschniegelter Freunde brennen. Weinrotes Licht fließt ins Parkett, die Spanier auf dem Podium quetschen einen Tango argentino aus ihren Akkordeons und singen in fremden Akzenten. Ich werde mit einer Frau von exotischer Schönheit tanzen… Weiße, gepuderte Arme liegen eng um meinen Nacken, Narcisse noir quillt aus ihrem Haar…

»Gut geschlafen?«

Roberts.

»Anzug gebügelt? Kragen rein? Schlips passend? Warten Sie!«

Dann kommt er mit einem jungen Mann wieder, der ein wachsgelbes Gesicht hat, die Augen rot und tränig. Scheint zu wenig zu schlafen. Sein Haar lichtet sich, obwohl er höchstens dreißig ist. Verlebt.

Roberts: »Das ist Herr Isin, der Tanzleiter.«

Herr Isin hält mir eine butterweiche Hand entgegen, in der die Knochen fehlen. Dazu lallt er etwas, tonlos und gezogen. Russe.

Roberts: »Isin, Sie werden dem Herrn alles erklären. Ich muß in den Saal.«

Herr Isin nickt, zieht seine breiten Hosenbeine hoch, und setzt sich neben mich.

»Wo tanzten Sie denn schon?«

»Nirgends.«

»Ach so. Amateur. Verstehe.«

Er zieht einen alten Autobusfahrschein aus der Rocktasche und ein winziges Stück Bleistift, dessen Spitze er ablutscht.

»Ich muß Sie polizeilich melden. Sie müssen Steuer zahlen. Auch Krankenkassengeld. Wie heißen Sie?«

So und so.

»Geboren?«

Dann und dann.

»Jung, sehr jung.« Fahrschein und Bleistift verschwinden wieder in Herr Isins Tasche.

»Nur das Notwendigste: Sie tanzen nachmittags und abends. Von $^1/_2$ 5 bis 7 und von $^1/_2$ 10 bis 1. Nachmittags dunkler Anzug, steifer Kragen, abends Smoking. Sie essen mit Ihren Kollegen. Wie ein Gast.«

Wie ein Gast –

»Was die Gage anbelangt: fünf Mark im Tag, macht 150 im Monat. Doch vergessen Sie nicht: außerdem gibt es …«

Herr Isin schließt sein linkes Auge.

»Tanzstunden … oder – Trinkgelder –«

Das gelbe Gesicht des Tanzleiters blickt mich an, lange und mild. »Unsereins ist noch nie verhungert. Es wird Ihnen gut gehen.«

»Es wird mir gut gehen.«

»Meine Aufgabe?«

»Hm. Das kann ich Ihnen eigentlich nicht erklären. Unser Beruf ist Praxis, nur Praxis.«

»Unser Beruf –«

»Sie können heute schon anfangen,« sagte mir Roberts. »Legen Sie ab. Alles weitere erkläre ich Ihnen im Saal.«

Die Garderobe.

»Das ist unser neuer Tänzer.«

Die Frau hinter dem Pult faßt mich scharf ins Auge, scharf wie ein Militärarzt. Dann sagt sie in tschechischem Dialekt:

»Lägen Sie's nur her, aber wenn full is, dann lägen Sie furne ab, weil's sonst zu Gedrenge kumt und Gäste keine Platz nich habn. Verstanden?«

»Gewiß, meine Dame.«

Im Saal. Gesteckt voll. Zigarettendunst. Parfüm und Brillantine. Geputzte Damen von zwanzig bis fünfzig. Glatzköpfe. Mamas mit unentwickelten Töchtern. Jünglinge mit grellen Krawatten und hellen Gamaschen. Vollzählige Familien.

Die Jazzband oben liegt über ihren Instrumenten und zuckt im Rhythmus, den sie fabriziert. Bis auf den Banjospieler, der gelangweilt und offenen Mundes auf die Paare hinabblickt, die da springen, stoßen, puffen und hüpfen.

Laut und schwül.

Herrn Isins rote Augen blicken mich an, als wollten sie sagen: Los!

Jaja, ich tanze schon. Dort in der Ecke: die im Persianer und in den Krokodillederschuhen. Ich will Sie auffordern.

Herr Isin aber klopft mir auf die Schulter. »Sie tanzen mit Tisch 91. Gleich hier.«

Tisch 91: Eine ältere Dame in flaschengrünem Kleid, mit langem Hals und eigelben Haaren; und eine Kleine, deren rötliche Stupsnase zu steil noch oben strebt.

Ich stehe vor den beiden, ein zweiter Esel des Buridan, Schweiß auf der Stirne, alle Farben spielend, hilflos und zittrig. Dann schiebe ich mechanisch den Oberkörper nach vorn, gegen die mit der Stupsnase, spitze meine Lippen und sage ganz leise:

»Darf ich die Dame bitten?«

Sie lächelt mich an, mit saurer Miene und überlegt.

Ich muß sehr dumm aussehen, in dieser komischen Stellung, den Kopf tiefrot zu ihr hinabgebeugt.

Die Kleine erhebt sich, legt ihren rundlichen Arm um meine Schulter. Wir tanzen. Das Blut schlägt gegen meine Schläfen, meine Beine scheinen von einem Schlaganfall gelähmt. Alles verschwimmt. Bis mir einer gegen das Schienbein tritt und mich so zum Leben erweckt. Ein endloser Tanz. Das Hemd klebt am Leibe. Ich beiße die Zähne zusammen. Weiterdrehen wir uns. Zentnerschwer lasten die Arme. Am liebsten möchte ich meine Tänzerin hier glatt stehen lassen, den Mantel aus der Garderobe holen und davonlaufen, weit weg, zu denen ohne Pfennig und Bett –

Aber Herrn Isins Gesicht lächelt, gelb und fern.

Ich tanze nur mit Tisch Nummer 91. Die mit dem langen Hals hat mich nach meinem Namen gefragt, sie wolle nun, da ich hier Tänzer bin, öfter kommen.

Einmal kommt Herr Isin auf mich zu.

»Kennen Sie schon Ihre Kollegen? Nein? Kommen Sie!«

Im roten Saal, an der Türe fast, sitzen vier junge Leute um einen Tisch und essen mit Hingabe.

»Ein neuer Kollege, Herr ...« Herr Isin durchstöbert seine Taschen nach meinem Personalzettel, der Name ist ihm entfallen.

»Sehr angenehm, sehr angenehm, ebenfalls, ebenfalls.«

Die Vier: einer heißt Willy und ist Wiener. Zwei Jahre lang tat er im Zirkus mit, als Artist, »Ikarische Spiele«. Aber so hätte er mehr Chancen, sagt er. Seine Zähne sind schlecht, und sein Haar leuchtet von billiger Pomade. Ob es nicht doch besser wäre, beim Zirkus zu bleiben?

Den Namen des Zweiten habe ich nicht ganz verstanden, irgendwie auf sti endend, Berliner. Eigentlich Vertreter einer Papierfabrik. Daß er nun des Geldes halber tanze, sei: a) ein Zeichen der miesen Zeiten, b) eine witzige Laune seinerseits. Vormittags läuft er die Musterkoffer spazieren, nachmittags tanzt er. Nur nachmittags. Am Abend hätte er Bilanzen zu machen.

Der neben mir: Kurt, netter Junge, guter Leute Sohn, mit geschmackvoller schiefgestreifter Krawatte und krankem Magen. Deshalb trinkt er immer nur Tee. Hornbrille. Sehr sympathisch. Auch er nur beim Fünfuhrtee beschäftigt, auch er nicht eigentlich Tänzer. Klavierspieler vielmehr, doch ohne Engagement. Und man müsse doch gut angezogen sein.

Endlich der Vierte: Professeur de danse Miguel Ferrer. Spanier. Nicht groß, aber ein gut geschnittenes Gesicht. Spricht kein Wort deutsch, nur französisch, flamisch, italienisch, portugiesisch, holländisch und spanisch natürlich. Hat er den anderen etwas zu sagen, dann hebt er die Finger zum Auge, zum Ohr, legt sie auf die Nase, kreuzt sie über die Lippen, verdreht den Ellenbogen und deutet nach allen Richtungen. Das ist so seine Zeichensprache, denn die anderen Drei sprechen nur deutsch, bis auf den Wiener, der auch diese Sprache nicht recht beherrscht.

Ein Ober bedient mich: Kaffee, Apfelkuchen mit Sahne, Eis. – Wie ein Gast. – Und ob ich noch Sahne wolle.

Ferrer fragt dann: »Parlez vous français?«

»Mais oui.«

»Epatant. Je suis heureux de pouvoir causer avec vous.«

Ich kratze den letzten Rest meines Kuchens vom Teller. Die anderen Vier sind schon auf dem Parkett. Willy klebt an einer Dicken, der Spanier hebt gelangweilt seine Beine, ohne Takt, doch seine Partnerin merkt es nicht, ihre Äuglein hängen verzückt am Plafond. Ich bin wieder an der Arbeit, Tisch 91.

Es ist unerträglich heiß. Mein Kragen ist weich wie ein Pudding und ganz verschwitzt, meine Arme schmerzen. Die zwei Kapellen oben spielen ohne Pause. Auf der Tanzfläche, sieben Meter lang und kaum fünf breit, dreißig Paare. Der Papiervertreter blickt nach meinen Bewegungen und verzieht mitleidig die Mundwinkel: Anfänger. Roberts sitzt an einem Tisch, ganz nahe am Parkett und zwinkert mir zu:

Mut. Und Ferrer, dem einer den Ellenbogen in die Rippen stieß, sagt irgendein spanisches Schimpfwort.

7 Uhr. Der Saal ist schon halb leer, Tisch 91 weg. Ferrer und ich stehen in der Garderobe.

Wieder taucht Herr Isin auf.

»Nun?«

»Wieso?«

Isin klopft mir auf die Schulter.

»Sie werden es schon lernen.«

Dann: »Seien Sie um ½ 10 hier. Der Ober zeigt Ihnen, wo Sie essen. Adieu.«

Tisch 103

Auf meiner Bude ist es bitterkalt. Von morgen an wird geheizt werden müssen, wenigstens ein bißchen. Es ist gar nicht angenehm, zwei Stunden lang halbnackt pedantisch Toilette zu machen, mit blaugefrorenen Fingern die Smokingschleife zu knüpfen.

Von 7 bis ½ 10 habe ich »Pause«. Nur anscheinend, denn diese Zeit muß ich damit verbringen, den Straßenanzug, in dem ich beim Tee tanzte, gegen den Smoking zu tauschen; ferner: Hemd, Schuhe, Socken, Krawatte zu wechseln. Nein, morgen wird unbedingt ein bißchen geheizt werden müssen. Unsereins kann sich das leisten, wie, Herr Isin?

½ 10, im Tanzsaal des Hotels. Es sind schon Gäste da. Die guten Tische für Theaterbesucher reserviert. Damen in silbernen Abendkleidern und mit Frisuren, die nach verbranntem Haar riechen. Herren in Abendanzügen, die Preise der Weinkarte durch ihr Monokel prüfend. Einer von der Tangokapelle spielt ein Violinsolo, Butterfly. Die runde Frau am Ecktisch legt ihre Hand gefühlvoll auf die Augenlider.

Ich setze mich, in irgendeine Ecke. Drei Kellner um mich. Einer schiebt mir die komplette Speisenfolge unter die Nase, ein Zweiter die Weinkarte, der Dritte stellt eine Blumenvase auf den Tisch.

»Der Herr erwarten noch jemand, bitte?«

»Ach, nein, ich wäre doch der neue Tänzer.«

Der eine mit fetten Wangen und einem blassen Gulaschfleck auf der Hemdbrust schielt schmunzelnd zu seinem Kollegen.

»Tänzer? Das ist nicht hier. Noch nicht.«

Zu dem Pagen an der Tür: »Führ doch mal den Herrn Tänzer nach seinem Speisesaal«.

Mein Speisesaal ist per Holztreppe zu erreichen und auf einem für den Gästeverkehr gesperrten Balkon eingerichtet: zwei blanke Tische und ein paar Stühle. Der Tisch rechts nur für die Oberkellner, der links für die anderen, das sind: Kellner, Pagen, Aufzugführer, Portiers, Wagenöffner, Kaffeefräuleins und so weiter, und auch für die Tänzer.

Ferrer, der Spanier, und Willy, der Wiener, sind schon da. Dann noch einer, der Chauffeur unseres Chefs, des »Hotelmiteigentümers«.

Menü für Angestellte: Kraftbrühe – Gespicktes Rinderfilet mit jungem Gemüse und Madeira-Tunke – Halbgefrorenes – Eine Flasche Bier – Schrippen ungezählt.

Na, wunderbar. Willy gibt dem Kleinen, der uns bedient, immer drei Groschen, er ißt zweimal Eis.

»Denn man muß ja, der Charleston macht verflucht mager, Ehrenwort.«

Herr Isin kommt herauf, auf Inspektion nur, denn die Herren Leiter essen unten, im Saal. Ein brillanter Smoking, doppelreihig, breite Revers, milchweißes Hemd, Goldknöpfe. Rasiert, frisiert, parfümiert.

»Geschmeckt? An die Arbeit, meine Herren.« Unten ist schon Hochbetrieb. Gute Leute.

Sekt.

»Gehen Sie hinüber, zum Tisch Nummer 103. Sehen Sie: eine Dame, ein Herr und zwei junge Mädchen. Probieren Sie anzuspringen.«

Anspringen heißt – so sagt mir Willy: engagieren, zum Tanz auffordern. Ich schneuze mich und gehe beim ersten Foxtrott hin. Ob es der Herr gestatte –

Ach, Papa von Tisch 103 hat rein nichts dagegen, daß ich mit den Töchtern tanze. Ich tanze abwechselnd. Beide haben noch dünne Arme und einen verschämten Mund. Die Ältere, so siebzehneinhalb, schmiegt sich sanft an mich. Sie hätte schon in Neuchatel, in der Schweiz, wo sie in einem Pensionat gewesen, so gerne getanzt. Und ob ich beim Tango denn wiederkommen wolle? Ja. Aber während des Tangos sagt sie kein Wörtchen mehr. Mama hat gewiß die Konversation mit dem Eintänzer energisch untersagt.

$^1/_2$ 12: Yvette und Roberts tanzen, Boston, Charleston, Paso doble. Während der Attraktion steht Herr Isin neben mir.

»Tanzen Sie abends nur mit Tischen, die ich Ihnen anweise. Oder mit Damen, die nach Ihnen schicken. Seien Sie sehr vorsichtig.«

Willy erzählt mir, er hätte eine alte Kundin, eine Frau Doktor. Ferrer döst teilnahmslos in der Barecke, bis ihn Herr Isin nach drei Damen dirigiert, die den Wunsch geäußert haben, etwas Bewegung zu machen.

Es ist viel ungemütlicher als nachmittags. Das steife Hemd quält. Doch die Töchter von Tisch 103 kennen keine Müdigkeit.

Nach Mitternacht rüstet Familie Tisch Nummer 103 zum Aufbruch. Papa zahlt, Mama zieht den Zobel über ihre dekolletierte Schulter und die Töchter legen etwas Puder auf ihre heißgetanzten Wangen. Familie Tisch Nummer 103 marschiert gegen den Ausgang. Ich stehe knapp daneben, so will es der Zufall. Die Kleinen nicken, Mama sieht über mich hinweg, doch Papa geht schlankweg auf mich zu, hält mir seine Hand entgegen: »Auf Wiedersehen.« Ich fühle etwas in der flachen Hand, Papier. Die sind schon in der Garderobe. Ich stecke die Hand in die Hosentasche und renne, rot wie ein frischgesottener Krebs, geradeaus, in die Toilette, sperre mich ein und ziehe dann mit zwei Fingern das Ding aus der Tasche.

Ein Fünfmarkschein.

Um eins darf ich nach Hause.

Todmüde. Ich will noch meinen Smoking in den

Kasten hängen, aber die Augen fallen mir zu. In dieser Nacht träume ich:

Ein Mann kommt zu mir ins Zimmer, ganz nahe an mein Bett heran. Er ist schmal und lang und grau, sein fadenscheiniger Mantel reicht bis zum Boden. In der Rechten hält er ein Bündel Akten, in der Linken einen hohen Zylinder. Seine kleinen, farblosen Mausaugen sind auf mich gerichtet. Jetzt legt der Mann den Zylinder auf das Nachtkästchen und zieht einen Bogen vergilbten Papiers aus seinem Aktenbündel. Seine dünnen, blauen Lippen öffnen sich, und langsam und leise kommen die Worte: »Ich pfände Sie!« – »Mich?« schreie ich. Der Lange aber weiter: »Sie schulden Ihrer Wirtin die Miete für die Monate: Mai, Juni, Juli, August, September, Oktober.« Ich springe aus dem Bett: »Nein, Lüge. Bezahlt, alles bezahlt. In der Tischlade die Quittung.« Der Lange rührt sich nicht, seine Mausaugen bleiben unbeweglich, nur die blauen Lippen öffnen sich: »Sie sind Tänzer. Ich pfände Ihre Knie.« Ich hebe die Fäuste gegen ihn und brülle: »Nein!« Und plötzlich fühle ich das Blut in meinen Adern gerinnen, Grauen packt mich und preßt mir die Kehle: der Lange hört nicht, denn er hat keine Ohren, nur rosige Haut, keine Ohren. Vor mir ist tiefe Nacht, ich werde schwindlig und falle ohnmächtig aufs Bett zurück. Der Mann aber kommt auf mich zu, streckt eine frostrote Hand nach meinen Beinen, zieht die Knie aus ihnen und legt sie dann behutsam in den Zylinder. Den nimmt er nun vom Nachtkästchen, schiebt die Akten unter den Arm und geht der Tür zu. Ich will ihm nach, falle. »Mein Beruf, mein Beruuuuf!« lalle ich. Der Lange steht im Türrahmen, wendet den Kopf und grinst. Eklig. – Ich sehe mich wieder:

im Tanzsaal. An jedem Tisch sitzt der Lange. Ich tanze mit ihm, in rasendem Rhythmus, Herrn Isins rote Augen spielen Ringelreih um uns, meine Beine knicken ein, an hundert Stellen, Roberts ohrfeigt mich, einer wirft mit Fünfmarkscheinen um sich, eine Frau schreit auf, und ich sinke, falle tief hinab …

IV. Der tägliche Dienst

Ich lebe einen guten Tag.

Bis in den späten Mittag schlafe ich, so bis drei Uhr. Ich habe mir sofort nach meinem Engagement eine Weckuhr gekauft, sie geht tadellos. Meine Toilette dauert jetzt eine gute Stunde, und sie ist von so grotesker Kompliziertheit, daß ich mich vor der Wirtin zu schämen beginne. Eine ganze Reihe von Neuanschaffungen steht im Zimmer herum, Verschönerungsmittel und Pflegeelixiere, wie man sie nur auf Damen-Spiegeltischchen vermutet: Parfümflakons, französische Seifen, Teintsalben, weißes Eau de Cologne, violettes Eau de Cologne, Hautcreme in allen Farben, Puder in allen Nuancen, Lavendelwasser, Pomaden, Augenbrauenpinsel, Fingernägellack, Haarfixativ, das und jenes.

Das Bad ist mit Massage verbunden. Meine Beine schwimmen in dem seifigen Wasser, und ich merke, daß der neue Beruf ihren Muskeln guttut. Meine braven Beine, meine Brotgeber.

Dann: vier Minuten Rasieren, vier Minuten Frisieren, zehn Minuten Wäsche, zehn Minuten Schlips, acht Minuten Anzug, fünf Minuten letzter Blick in den Spiegel.

Viertel nach vier muß ich aus dem Hause, denn die vom Hotel nehmen es mit der Pünktlichkeit genau. Halb fünf ist Antreten.

Sonst fühle ich mich schon wie daheim. Mit meinen Kollegen spreche ich eigentlich wenig, ich bin einfach da, wie einer im Büro. Nur: guten Tag, Adieu, was verdient?, wer war denn die Fesche, na die mit den zwei Herren im Auto …?, hast du eine Zigarette übrig? Schandwetter heute – und so fort.

Das erste Stadium meiner Ausbildung habe ich eigentlich schon hinter mir. Herr Isin weist mir die Damen, mit denen ich tanzen soll, nicht mehr an, ich suche sie mir selbst.

»Merken Sie sich das: Sie sind nicht zu Ihrem Vergnügen hier. Sie haben zu tanzen. Auch mit Damen, die Ihnen nicht gefallen. Ja, je weniger sie Ihnen gefallen, desto ehrlicher und gewissenhafter versehen Sie Ihren Dienst. Das erste Gebot des Tänzers ist: es darf keine Mauerblümchen geben. Er hat sie zu pflücken, denn dafür bekommt er Geld. Merken Sie sich das.«

Ich verdiene ehrlich mein Brot, ehrlich und schwer, denn ich tanze viel und gewissenhaft. Wunschlos, lustlos, ohne Gedanken, ohne Meinung, ohne Herz, ohne Hirn. Hier gelten nur meine Beine, die dieser Tretmühle gehören und gegen die sie zu stampfen haben, im Rhythmus, unermüdlich, ewig eins zwei, eins zwei, eins zwei.

Ich tanze mit Jungen und Alten; mit ganz Kleinen und mit Frauen, die zwei Köpfe höher sind als ich; mit Hübschen und mit weniger Reizvollen; mit ganz Schlanken und solchen, die Entfettungstee trinken;

mit Damen, die den Kellner nach mir schicken und mit verzückt geschlossenen Augen den Tango auskosten; mit Gattinnen, mit Mondänen, die ein schwarzumrandetes Monokel tragen, und deren Kavaliere, des Tanzens selbst unkundig, mich verpflichten; mit peinlich ungeschickten Zugereisten, denen ein Ausflug nach Berlin ohne Five-o'clock-tea sinnlos scheint; mit splendiden Ausländerinnen, die ihren Berliner Aufenthalt zwischen Hotelzimmer, Halle und Tanzsaal aufteilen; mit Damen, die tagtäglich da sind, und von denen man nicht weiß, woher und wohin; mit tausend Typen.

Es ist kein leichtes Brot. Auch keines, das sentimentale, weiche Naturen essen können. Die anderen aber können davon leben. Ich habe in dieser ersten Woche nicht übel verdient, aller Anfang soll gewöhnlich schwer sein, doch wenn es nur so weitergeht. –

Ich werde nicht verhungern. Mein täglicher Einnahme-Durchschnitt ist zwanzig Mark, überdies die Gage. Später wird es sicher besser, nur die Praxis macht es. Willy und der Spanier verdienen das Doppelte, doch die haben Erfahrung, sie sind die besseren Psychologen, sie verstehen es besser.

Die Tretmühle im Hotel rotiert weiter, mit ihr das ganze Tohuwabohu, dem ich nun angehöre, vollwertig schon, wie die anderen: der Spanier, Willy, der Papiervertreter und Kurt.

In meinem Notizbuch mehren sich die Vormerkungen für Tanzstunden. Gestern war ich von zehn bis zwölf – eine Familie im Grunewald – und von zwei bis vier – zwei Damen, die im Hotel wohnen – beschäftigt. Macht vierzig Mark die Unterrichtsstunden allein. Schlimm ist aber, daß ich nicht mehr ordentlich ausschlafen kann.

Ich habe in diesen zehn Tagen an vierhundert Mark verdient. Dreiviertel dieser Summe verschlangen: der Ankauf eines transportablen Grammophons, das ich nun für den Unterricht benötige; ferner fünfzehn Platten. Whitemann, Hylton, The Revellers, Jack Smith. Überdies: die Anzahlung bei einem ersten Schneider, Kurfürstendamm, auf einen Anzug, dunkelblau, fein gemustert, zweireihig, sechs Knöpfe, breite Hosen, das Neueste; drei Krawatten; ein Paar schwarze Halbschuhe; vier Frackhemden.

Sonnabend ist der schlimmste Tag für den Tänzer. Alle Säle sind bis auf das letzte Plätzchen voll. Auf dem Parkett drängen sich fünfzig Paare, treten einander auf die Füße, keuchen und boxen. Eine einzige Fleischmasse, im Rhythmus wie Sülze zitternd. Es ist ein Tag, an dem der Eintänzer ein paar Pfunde von seinem Gewicht verliert, aber meist nicht einen Pfennig verdient.

Ich stelle mich im großen Saal an die Wand und analysiere alle Tische. Rückwärts sitzen zwei Damen, beide mit Etonkopf und roten Ohren.

Ich tanze mit den beiden Etonköpfen. Mit der einen entspannt sich dieser Dialog:

»Sie tun mir eigentlich leid, daß Sie da so schuften müssen.«

»Ach, ein Vergnügen, mit der Gnädigsten tanzen zu dürfen.«

»So?«
»Doch.«
»Und Sie finden, daß ich gut tanze?«
»Meisterhaft.«
»Daß ich eine gute Figur mache?«
»Eine ganz fabelhafte.«

Das Ewig-weibliche – ich bin doch nur bezahlter Eintänzer.

Es ist nicht zu glauben, wie bösartig Leute werden können.

Ein Kellner meldet: Tisch 87 wünscht einen Tänzer.

Schön, ich gehe hin. Doch nicht zum Tisch Nummer 87, denn ich habe die Ziffer falsch verstanden, ich gehe zum Tisch Nummer 86. Dort sitzen ein strammer, junger Mann und eine Dame mit knolliger Nase und einer orangeroten Robe, die ihr bis zu den Knöcheln reicht.

Ich mache meinen obligaten Knicks vor dem Paar und rezitiere, gegen den Herrn gewandt, meine Formel: Ist es gestattet, daß ich mit der Dame tanze?

Der Mann wird im Augenblick knallrot, seine Schmisse heben sich ab wie weiße Schraffierung. Er brüllt auf, daß der ganze Saal von den Stühlen springt:

»Ich gestatte gar nichts. Welche ordinäre Lümmelei erlauben Sie sich hier? Wie kommen Sie dazu, diese Dame zu belästigen? Sieee ... Niemand!«

Mir fällt rein nichts ein, was ich erwidern könnte. Um den Tisch stehen schon Dutzende von Neugierigen. Endlich stottere ich: Ich bitte um Entschuldigung –, aber ich bin doch der Tänzer des Hauses, nach mir wurde geschickt ...!

»So!« Schreit der Mann zurück und er schäumt

und zittert vor Wut, »was sind Sie? Diese Ausreden kennen wir.«

Herr Isin ist schon hinter mir, er bittet weitschweifigst für mich um Entschuldigung. Der Gast hat immer Recht.

Mit einer schönen schwarzen Frau in kostbarem Hermelin, drunter ein Abendkleid, das wie ein Silberpanzer aussieht, eine rosa Rose an der Hüfte.

Sie hat mich an den Tisch befohlen: neun Gänge, dazu eine Flasche Veuve cliquot dry. Zwischendurch tanzen wir. Sie spricht kein Wort, sie muß sich wohl denken: ich habe mir zwei Beine gemietet, weil ich gerade tanzen will; aber ihr Besitzer ist ein Idiot.

Einmal nur fragt sie: »Glauben Sie, daß der Black Bottom in Mode kommt?«

Nein, antworte ich. Und wieder ist für zwei Stunden Ruhe. Wir tanzen nur. Oder wir sitzen uns schweigend gegenüber.

Um zwei Uhr sagt sie: »Wir gehen.« Ich soll sie heimbringen, weil sie allein ist.

Meinetwegen, denke ich.

Ein Taxi steht schon bereit. Wir steigen ein, sie sagt zum Lenker: »Kantstraße …«

Ich bin nervös. Ich blicke durch das Seitenfenster auf die Lichtreklamen draußen, die der Novemberregen wäscht. Kantstraße. Der Wagen hält. Ich helfe der Dame aus dem Auto.

Das Taxi fährt davon.

Sie öffnet die Haustür. Plötzlich aber dreht sie sich um, sieht mir in die Augen und fragt, todernst:

»Wissen Sie, wer Kant war?«

Wer Kant war? Die Gute. Ich will ihr die Pointe nicht verderben, für die sie zweiundsiebzig Mark bezahlt hat, ohne die Autospesen.

Ich antworte: Gewiß, Gnädigste, ein Schweizer Nationalheld.

Sie verzieht den Mund, hebt ihre Hand und streichelt meine Wange, wie einem armen irren Kinde. Dann tritt sie ins Haus und versperrt die Tür hinter sich.

Ich stelle den Mantelkragen hoch und gehe die Straße hinunter.

Hier kam Christoph Columbus zur Alten Welt

Genua, im Februar

NULLA DOMUS TITULO DIGNIOR
HEIC
PATERNIS IN AEDIBUS
CHRISTOPHERUS COLUMBUS
PUERITIAM
PRIMAMQUE JUVENTAM TRANSEGIT

Das ist die Inschrift der Marmortafel, die über zwei Fenstern angebracht ist, in denen vor rund vierhundertachtzig Jahren die Windeln Christoph Columbus' zum Trocknen hingen.

Ich weiß nicht, ob Christoph Columbus Geschwister hatte, oder ob er der einzige war, jedenfalls scheint Familie Columbus in recht engen Verhältnissen gewohnt zu haben, denn das Haus, dem Fenster und Marmortafel angehören – hundert Schritte von der Piazza di Ferrari Ponticello –, dieses Haus ist kaum vier Meter breit, sieben lang und fünf hoch; steinern, schwarzgrau, mit flachem Dach und rissigen Mauern.

Die Häuser links und rechts sind alle abgerissen worden, so daß der historische Steinquader, in dem der Entdecker Amerikas geboren wurde, freisteht und die Ecke eines mit hohem Eisengitter umgebenen Gärtchens bildet, in dem wildes Gras steht, mit verbogenen Konservenbüchsen und Flaschenscherben dazwischen, ein paar verfaulte Bäume und ein höchst sonderbares Bauwerk: eine notdürftig restaurierte altrömische Säulenhalle, deren Bestandteile man vor 18 Jahren bei den Arbeiten an der Banda d'Italia aus der Erde gegraben hat und von der man annimmt, daß sie seit Christi Geburt da ist und dem jungen Columbus und dessen Freunden als Burg beim Räuber- und Hauptmannspiel gedient hat.

Die Marmortafel und die zwei Fenster, von denen eingangs die Rede war, sind neben den zwei schweren Eisentüren, die man vor kurzem erst tiefgrün angestrichen hat, der einzige Schmuck des Häuschens, sofern man von einem Kranz absieht, der unter dem flachen Dach hängt und schon so verwelkt ist, daß nur der Fachmann Gattung und Art der Blumen konstatieren kann. Die drei anderen Fronten sind tot.

Der Neugierige findet die beiden Eisentüren verschlossen. Es ist noch ganz früh am Tage, zeitweise regnet es, und ein starker Wind zerrt an den wenigen staubigen Blättern, die sich an dem Häuschen emporranken. Ein Mädchen in Pantoffeln und mit einer Milchkanne läuft über die Straße.

»Immer geschlossen?«

»Si, Signore.«

»Wer hat den Schlüssel?«

»Warum, Herr?«

»Weil hier Columbus geboren wurde.«

»Und wer ist Columbus?«

Das Mädchen wartet die Antwort gar nicht ab, es läuft, mit der Milchkanne schwingend, weiter und verschwindet in einer Seitengasse.

Ein Genueser Taxichauffeur, der hin und wieder Ausländer zu fahren scheint, weiß bessere Auskunft: »Das Haus von Columbus ist während des Sommers geöffnet. Zwei Zimmer mit dem antiken Mobiliar des Columbus.«

In dem Haus drüben, das nicht viel jünger scheint, ist ein Wirtshaus; im ersten Stock hängen Pierrotskostüme, eins gelb, eins schwarz, die Auslage einer Maskenleihanstalt; nebenan ordiniert ein Veterinär, und eine Musikschule verspricht jedem, der für ein halbes Jahr vorauszahlt, Monatsgeld 25 Lire, eine funkelnagelneue Mandoline gratis.

Windschief und bröcklig lehnen so zwanzig Häuser gegeneinander, alt, ausgedient, voller Löcher, Lichthöfe, Wendeltreppen und Irrgänge, sie alle führen hinauf zur Porta di St.-Andrea, die schon um das Jahr 1000 erbaut worden ist. Reste von Stadtmauern hängen an ihr. Sicher, daß Christoph Columbus unter ihnen »biglie« geschoben hat, farbige Kugeln, ein Spiel, das die Buben in Babylon schon gespielt haben, und das sie in Metropolis noch spielen werden.

Beim Tee im Hotel Miramare offeriert mir ein untersetzter pausbackiger Amerikaner Camel-Zigaretten. Wir kommen ins Gespräch, und nach einer halben Stunde sagt der Mann diese Sätze:

»Ein Glücksfall führte mich von San Remo nach Genua her, ein Glücksfall, sag' ich Ihnen. Man soll seine Geschäftspläne nicht verraten, aber hm, hm … ich vertraue Ihnen. Hören Sie: Ich habe hier das Geburtshaus Columbus' entdeckt. Und in dieser Entdeckung liegen Millionen Dollar, hahaha. Wissen Sie, was ich machen will? Ein Konsortium in Amerika bilden, das dieses Haus aufkauft, haha, und es per Schiff, wie es steht und geht, nach New York bringt, haha. Um es drüben für einen halben Dollar Eintrittsgeld den Leuten zugänglich zu machen. Ein Columbus-Museum, verstehen Sie? Dazu werden wir von der Stadtverwaltung hier noch die drei Briefe abkaufen, die Columbus geschrieben hat und die im Municipale liegen. Und von einem Mann in Philadelphia den Anker des Seglers, der die Neue Welt als erstes Schiff erreicht hat. Schade, jammerschade, daß das Ei, das Columbus zum Stehen gebracht hat, längst verfault ist.«

Die Kunst der kleinen Kniffe

Ich will es nicht geradezu fordern, daß heute schon in den Schulen das Lügen gelehrt werde, das heißt: Haltung und Mienenspiel, Gebärde und Tonfall desjenigen, der mit durchschlagender Überzeugungskraft und vollstem Gelingen das Gegenteil der Wahrheit zum Ausdruck bringt. Ich will es im Rahmen einer etwa beabsichtigten allerneuesten Schulreform nicht ausdrücklich verlangen, denn auch ich bin in einen seltsam veralteten Ideenkreis verstrickt und schätze und ehre die sogenannte Wahrheit. Aber ich kann mir wohl denken, daß in zwei oder drei Jahrzehnten der Lüge im praktischen Leben die Bedeutung eines unentbehrlichen und darum durchaus einwandfreien Werkzeuges zukommen könnte, dessen richtige und sachgemäße Handhabung nach wissenschaftlicher Methode systematisch zu erlernen wäre.

Die Lüge als obligatorischer Unterrichtsgegenstand; jedem und allen zugänglich; Sache emsigen Fleißes und unermüdlicher Strebsamkeit; nicht mehr das Privileg weniger, aus eigenem Talent hierzu besonders Befähigter: das, meine ich, wäre doch wohl die vollkommene moralische und soziale Rechtfertigung dieses bislang verfemten Mittels auf streng demokratischer Basis.

Damit schiene neuzeitlicher Erziehungskunst ein Weg gewiesen, den einzuschlagen man rätselhafter Weise bislang verabsäumt hat. Ist es euch denn noch niemals in den Sinn gekommen, welch unverantwortliche Lebensvergeudung, welch scholastische Fremdheit gegenüber den Ansprüchen des Tages der Umstand bedeutet, daß es in den Schulen – selbst in den fortgeschrittensten – noch immer keinen Lehrgegenstand gibt, der *Praktische Lebenskunde* heißt? Daß jeder Mensch, der in zartester Kindheit schon die Quadratwurzel aus 2, das Mariotte-Gay-Lussacsche Gesetz, die Regierungszeit Gregors des Großen gelernt hat, nach zahllosen Experimenten erst in seinem vierzigsten Lebensjahr aus eigenen Geisteskräften darauf kommen muß, mit welchen Mitteln, dialektischen Methoden, kleinen Urteilen und Kniffen er etwa mit seiner Frau zu streiten habe? – Du nahst dich, junger Freund und Verfasser eines wichtigen soziologischen Werkes, einem einflußreichen Gönner. Du betrittst sein Arbeitszimmer, gewiß deiner Bedeutung, der Höhe deines Strebens, der Vortrefflichkeit deiner Leistung. Aber siehe da! Dein Gehabe gleitet hinab ins niedrig Kriecherische, deine Stimme, von rascherem Atem bewegt, entbehrt des gehörigen Ansatzes, der nötigen Brustresonanz. Deine Gebärden sind schwächlich und überzeugungslos. Du bist – um es kurz zu sagen – einfach nicht in der Lage, dich darzustellen, deine Form mit Leben glaubwürdig zu erfüllen, bist fasziniert und hingenommen von der großartig ausgreifenden Bewegung, mit der dein mächtig thronendes Schicksal nach der Sprechmuschel langt und verlierst dich in der entstehenden Pause an analytische Gedanken über das Wesen dieser Größe, statt deine eigene Maschinerie in Ordnung zu halten. Nervosität? Nein, Freund! Unkenntnis! Unwissenheit! Du hättest es eben lernen müssen. – Wo? – Das ist es eben …

Ist es nicht eigentlich tief beschämend, ja wahrhaft unerklärlich, daß in dem Zeitalter der wissenschaftlichen Reklamekunde, der experimental-psychologischen Berufsprüfung und aller übrigen amerikanisierenden Errungenschaften reibungsloser Lebensbewältigung noch immer jeder einzelne Mensch für seine Person gezwungen ist, sich die kleinen Lebenskniffe selbst anzueignen, vierzig Jahre auf die verbrecherischste Art zu vergeuden, um das zu erlernen, was ihm systematisch gestalteter Unterricht in einem einzigen vermitteln könnte: ein paar Tonfälle, Phrasen, Armbewegungen und physiognomische Faltenwürfe. Dann freilich steht er da, gebläht von Lebenserfahrung, wie man hochtrabend diese lächerlichen, aber gleichwohl unentbehrlichen Nichtigkeiten bezeichnet, mit jener Meisterbosheit, die dem Lehrling kein Hindernis, nicht das geringste Mißlingen ersparen möchte. Wahrhaftig, mittelalterlich diese Lebenszünftelei, die sich langbärtig in dunklen Andeutungen, unheilkündenden Prophezeiungen und wichtigtuerischen Mahnungen ergeht, statt frisch und fix eine Schule für dergleichen Zeug zu schaffen, und dort der Jugend anregend und lebendig den ganzen Schwindel beizubringen. Welcher Zeitgewinn! Welch ein Gewinn an Lebensenergie! Und wie einfach die Systematik dieser neuen Wissenschaft, die mit der Physiognomik, menschlicher Typenkunde, mit ein wenig Konfliktslehre, dramatischem Unterricht und Stimmübungen ihr Auslangen fände. – »Wir kommen heute zu der Entrüstung«, wird – so wollen wir hoffen – in nicht allzu ferner Zeit der Lehrer zu seinen Schülern sprechen. »Zu der Entrüstung und ihren drei gangbaren Arten, nachdem wir in der letzten Stunde die Entgegennahme schmeichlerischen Lobes gelernt haben. Lederer, wiederholen Sie kurz das Gelernte!« – Und Lederer wird vortreten, und mit prachtvollster Rundung, glatt und ohne zu zögern, in seinem siebzehnten Jahre jene acht oder zehn Worte und Gebärden vollführen, auf die wir uns in unserem vierzigsten mit Ach und Krach stotternd immer von neuem besinnen müssen. – »Ganz gut, Lederer«, wird der Lehrer sagen, »nur noch etwas tiefer die Stimme. Die Handbewegung gegen den Fußboden etwas ausgeprägter und das Ganze um zwei Sekunden langsamer.« – Und man wird fortschreiten zu den drei Arten der Entrüstung, zur Technik des Grußes, zum verachtungsvollen Gehaben, zum Verkehr mit Behörden, um schließlich im letzten Quartal den Kursus mit dem schwierigen, aber wichtigen Kapitel der Selbstreklame erfolgreich zu beenden.

Naphthalin

Am Dienstag begann es. Die Wirtin, eine ausgediente Zirkusreiterin, mit wunderlichen Säbelbeinen und einer Silberbrosche, in der Pferdekopf, Peitsche und Hufeisen auf das charmanteste arrangiert sind, kam in mein Zimmer und schritt wortlos an mir vorbei. Ich sage: wortlos, denn ich bin nicht willens, das französische Gemurmel, das sich in ihrem graumelierten Schnurrbartansatz verfing und von dem ich nur das Wort printemps verstand, als Anrede zu deuten. Im Nu hatte sie das Doppelfenster geöffnet. Ich wollte energisch protestieren. Aber der Luftzug vom Hof her hob meine unbezahlte Rechnung pro April vom Schreibtisch, daß sie eine Welle zwischen dem Tomatenstilleben und der verstaubten Stehlampe flatterte, bis sie dann knapp neben den Kalender fiel, neben die Null des Datums. Wir schrieben eben den 10. Mal. Also ich sagte nichts. Steckte nur den blaugefrorenen Zeigefinger in den Mund und kuvertierte so den Brief an Olive, legte die Aprilrechnung als Lesezeichen in den Jack London, nahm den Hut vom Haken und ging. Im Vorzimmer roch es merklich nach Erdöl. Vor einem riesigen offenen Koffer standen die Wirtin, ihre Kusine und das Stubenmädchen. Mit wachsender Begeisterung waren sie daran, ganze Stöße von Teppichen, alten Kleidern und Plüschtüchern in den Koffer zu legen. Die Wirtin selbst befehligte jeden Handgriff, in der Rechten hielt sie eine Tüte, aus der sie irgendein weißes Pulver über die ganze Chose schüttete, gar nicht anders, wie Staubzucker über Pfannkuchen. Ich trat näher und sah, wie die Damen gerade meinen Mantel einbalsamierten. Zugleich fiel mir ein, daß dieser penetrante Staubzucker auf den Namen Naphthalin hörte. Meinetwegen, dachte ich, und lief ins Café.

Am Mittwoch, punkt halb zwölf, nieste ich dreimal. Bei Aschinger ließ ich die halbe Bockwurst stehen und holte das vorletzte Taschentuch von zu Hause. Den Regenschirm nahm ich auch mit. Auf dem Wittenbergplatz glaubte ich, Hagel gegen das Pflaster trommeln zu hören. Und mein Mantel atmete Naphthalin, weit weg, im Koffer und auf dem Boden.

Donnerstag. Hans hat mir ein Thermometer mitgebracht. Neununddreißig sechs, gar nicht so schlimm. Ich gurgle Salzwasser, um den Hals haben sie mir den Wollstrumpf der Kusine gelegt. Das Stubenmädchen wäscht seit dem Frühstück Taschentücher. Meine heißen Augen sehen nur mehr die drei Eisheiligen Mamertus, Pankratius und Servatius, die knapp an meinem Bett mit Mottenkugeln jonglieren. Durch die Vorzimmertüre scheint wieder blöder Erdölgeruch zu dringen. Ich glaube, sie packen aus.

Nur keine Objektivität!

Dem menschlich orientierten Sprachforscher stellt sich das Wörtchen »aber« in einem interessanten Lichte dar. Zunächst – und jeder wird mir hier ohne weiteres beipflichten – ist seine Funktion die, auf eine tändelnde Weise Schwierigkeiten in den glatten Verlauf der Dinge einzuführen und der Hoffnung, die durch die Worte: »Gerne würde ich Ihnen ...« erweckt wurde, mit kandiertem Gift den Garaus zu machen. Dann aber – und hier will ich auf geistigeres Gebiet übergehen – ist das Wort »aber« das verwerfliche Vehikel einer ungesunden Objektivität, vornehmlich da, wo es sich um die Beurteilung von Menschen handelt. Wie oft habe selbst ich auf die Bemerkung eines Freundes, dieser oder jener sei ein preziöser Innenschmock, mit den Worten geantwortet: »Aber er hat bei Georg Simmel Philosophie studiert« und mich dadurch einer Objektivität in die Arme geworfen, die die Welt auf eine unnötige Weise kompliziert, das Leben erschwert, den Geist in Dilemmen stürzt, dem Handeln allen Impuls raubt, und die überdies die entsetzliche Wirkung hat, uns überall und allerorten mit interessanten Menschen zu umgeben.

Ihr wißt es, ihr wenigen wirklichen Lebenskünstler, welche Wollust es gewährt, jemanden klar und einfach einen Esel oder Kretin zu nennen, ohne innerlich verhalten zu sein, hinterher sein famoses Klavierspiel gegen sich selbst ins Treffen zu führen; ein Schnäuzchen als schlechthin unerträglich zu bezeichnen, ohne nachher feststellen zu müssen, sie sei im Grunde eine schüchterne Seele und habe schreckliche Hemmungen. Nur keine Objektivität! Sie bringt das Herz in Unruhe, macht den Charakter schwankend und zwiespältig, und wer sie maßlos anwendet, verfällt früher oder später in schwere Neurose, als sei ihm ein Affekt eingeklemmt worden.

Das Volk, unser gesegnetes Volk, hat sie nicht und ist kerngesund. Es kennt kräftige Worte voll eindringlicher Bildhaftigkeit, energische Aufforderungen an unliebsame Persönlichkeiten, apodiktische Urteile, die schon ihrem Wesen nach keinerlei darauffolgendes »Aber« zulassen. Der Bezeichnung »Blecherner Steinesel« könnte selbst der Objektivste nicht die abschwächende Konstatierung folgen lassen, der solcherart Charakterisierte habe indes viel Sinn für feinste Stilnuancen. Aus ungebrochenen, geradlinigen Charakteren fließend, haben solche Äußerungen die Unangreifbarkeit mathematischer Axiome, apriorische Vorstellungen stehen da, jeder Erklärung, jeder Widerlegung unzugänglich, wie gläserne Berge.

Wie die zierliche Verneigung, wie das Auswärtsstellen der Fußspitzen bei graziösem Schreiten, stammt auch der Gebrauch der so gesundheitsschädlichen Objektivität aus der Welt des höfischen Lebens, das durch Jahrhunderte das Vorbild für die städtische Kultur abgegeben hatte. Objektivität, das war Monarchentugend, war liebevolles Verständnis des Landesvaters für die Schwächen und Stärken seiner Untertanen, war der Anfang, die Urzelle einer demokratischen Regierungsform, die auch der Minorität ein wackeres Wort verstattet, und die ja auch später, um das Ende des

19. Jahrhunderts unter der Devise »Einerseits andererseits!« und »Aber immerhin ...!« ihre höchste Blüte erreichte. Es erscheint nur natürlich, daß dem Zuge der Zeit entsprechend, die der sogenannten Demokratie überall zielbewußt das Prinzip der Diktatur entgegenstellt, auch im Punkte der persönlichen Objektivität eine Änderung eintrete. Kurzum, daß das wehleidige Gewackel beim Ausspruch eines Urteils über Den oder Jenen endlich einmal aufhöre, daß man frohgemut, herzhaft und energisch im Wege der Diktatur seinem Urteil absolute Gültigkeit zubillige, in der Methode zur Natur, zum unverdorbenen, gesunden Volke zurückkehre, von dem ja alle Macht ausgeht, und guten Gewissens einen Blödian einen Blödian nenne, auch wenn er wirklich ganz allerliebste Couplets dichtet. Rücksichtslose Diktatur des Urteils ist es, was ich propagiere. Ihr sollt und sollt nicht mehr innerlich gehalten sein, die unleugbaren Vorzüge eines Freundes anzuerkennen, bei dessen Herannahen euch schon von weitem übel wird. Denkt an eure Gesundheit! Zurück zu den guten, unwiderleglichen quellfrischen Schimpfworten, über die unser Volk in so reichem Maße verfügt. Heraus mit dem Wort, das euch auf der Zunge liegt. Nur keine Objektivität!

Bei 29 Grad

Das Thermometer steht bei 29 Grad. Nicht weil jemand ein Zündholz unter die Quecksilberkugel hielt. Auf ganz natürliche Weise, weil uns irgend ein längst erwartetes Hoch oder Tief überfiel. Gestern prahlte man, daß selbst die ärgste Wüstentemperatur gegen diese naßkalte Unbeständigkeit ein Vergnügen wäre. Nun hat man das Vergnügen. Aber es ist nicht weit damit her. Eiswasser auf den Kopf, Eiswasser in den Magen. Ein wenig Kopf- und Magenweh. Wo verkriecht man sich an diesem unnütz freien Nachmittag? Ein Anfall von Tropenkoller. Wenn schon, denn schon. Man geht zum Fünf-Uhr-Tanztee.

Und – keine Fata Morgana, Berliner Wirklichkeit – da sitzen schon andere, die's angekollert hat. Gleich ein paar Dutzend, männliche und weibliche. Sitzen dampfend vor ihrer Eislimonade. Lassen den Sommer dräuen und tun tapfer ihre Pflicht. Das Saxophon eröffnet den Jazz-Angriff. Alle sind zur Stelle. Black Bottom. Bei 29 Grad. Kein Schnelligkeitsrekord gerade, doch mit bewunderungswerter Energie zittern sich die Paare durch das lange Oval. Gedämpftes Klatschen. Die zweite Runde. Zuweilen verweigert ein Bein die wintergewohnte Tätigkeit. Der Klügere schaukelt nachgebend ein bißchen auf der Stelle. Statt des Händedrucks der Dame heute nur ein Abschiedslächeln. Mit dem Seidentuch über die Stirn, ein Schluck aus dem gelben Saugrohr; der nächste Tanz.

Am Fenster wird die Schwüle unerträglich. Die Tanzenden scheinen sich weiß Gott wohler zu fühlen. Vielleicht ist es gar nicht so unsinnig, die Teufels-Hitze mit dem Black Bottom auszutreiben. Man engagiert auch. Mit geschlossenen Augen.

»Der Mann an der Trommel hat sich falsch an seinem Instrument vergriffen.« Das von mir aufgeforderte, phantastisch vor mir herzuckende, hellgrüne Seidenfähnchen ignoriert mein kultiviertes Gehör. Man entwürdigt den Black Bottom nicht durch Sprechen, straft sein Blick. Gewiß. Aber, erneut herausgefordert, muß ich meine Weisheit nochmals anbringen. »Jeder Dilettant befingert die Trommel. Auch das will gelernt sein. Ich selbst ...« Da läßt mich eine unerwartete Lichterscheinung zusammenfahren. Blamabler Irrtum. Kein Trommlerfehlgriff, sacht anschwellendes Donnergrollen – wieder ein Blitz – ein richtiges Gewitter. Auch mein Seidenfähnchen begreift erschreckend, zuckt plötzlich näher, wird direkt menschlich. Blauschwarz droht der Himmel durch die Fenster. Vergebens der Täuschungsversuch der aufflammenden Glühbirnen. Immer schrecklicher der Donner, gespensterhafter die Blitzzacken. Heroisch wetteifert die Kapelle mit den Naturgeräuschen. Aber sie kann nicht verhindern, daß der Black Bottom zum verzweifelten Schieber entartet.

Ich führe mein zerknittertes Seidenfähnchen an seinen Platz. Es starrt schweigend in das Unwetter. Um nicht durch ein lautes Abschiedswort zu stören, besetze ich den Nebenstuhl. Endlose Minuten nichts als Donner und Blitz. Ich lege meine kaum zur Schaustellung geeignete Taschenuhr auf den Tisch, beobachte prüfend den Sekundenzeiger: »340 Meter legt der

Schall in der Sekunde zurück. Das Gewitter kann nicht weit sein.« Mein Seidenfähnchen bekommt auf einmal ein Gesicht, angstvoll verzerrt zwar, aber doch erkennbar ein sanftliebliches Jungmädchen-Gesicht. »Übrigens, mein Fräulein, befinden wir uns im ersten Stockwerk, also im Dachgeschoß dieses Gebäudes.« Nicht anschauen, sich nicht rühren lassen, kommandiere ich mir. »Da dieses Haus erst kurze Zeit steht, hat es vielleicht noch keinen Blitzableiter.«

Genug. Der letzte Donnerschlag ist bereits überflüssig. Mit letztem Schrei springt sie auf, sucht sich an meinen Arm zu klammern. Ich werfe meine Regenhaut über sie und bringe, ein bedankter Retter, Elli in einer nahegelegenen Parterre-Likörstube in Sicherheit.

Bitte, bitte morgen wieder Gewitter.

Schicksalstag

Schräg unter dem heutigen Datum steht in dem für Bemerkungen reservierten Raum meines Taschenkalenders: Schicksalstag. Zweimal unterstrichen. Eine ungewöhnliche Vokabel für ein Notizheft. Sonst hat die ganze Seite nur Namen und Zahlen. Gestern Mahnung an Zahlungsverpflichtungen, für den Pfingstsonntag sind Zugverbindungen und Hotels verzeichnet. Dazwischen dieser pathetische Hinweis. Und doch ist dies unleugbar meine eigene Eintragung, auch die doppelte Betonung von meiner Hand. Langsam stellt sich die Erinnerung ein.

Das war vor etwa drei Wochen. Nach langer Zeit wieder ein ausspannender Nachmittagsbummel durch die Lädenschau der Tauentzienstraße. Plötzlich, am Wittenbergplatz Rufe und Lachen einer drängenden Menschenmenge. Führer oder Opfer, im Mittelpunkt mit wilden Gesten ein bleicher Jüngling. Die blutleeren Lippen zum Schrei weit aufgespaltet, der spöttischen Zwischenrufe kaum achtend, schleudert er seine Anklagerede gegen »die Zeit, die ihr Herz verlor.« Ganz leise, nur den nächsten Umstehenden vernehmbar, zum Schluß: Aber der vierte Juni wird der Schicksalstag für alle sein. Wie das? Er kann, er will es nicht sagen. Aber wie im Vorgefühl kommender Schrecklichkeit läuft, als er das Datum nennt, ein Zittern durch seinen Körper.

Dann beginnt er den zweiten Teil seiner Schimpfpredigt. Gleichgültig starrt der Polizist an der Ecke zu dem immer mehr sich ereifernden Redner. »Er hat den Paragraphen in der Tasche«, gibt einer Aufklärung.

Heute ist also der Schicksalstag. Für uns alle. Ich nehme es nicht tragisch mit dieser Art von Prophezeiungen, auch wenn sie sich an einen bestimmten Tag binden. Aber, nun wieder erinnert, fühle ich mich doch verpflichtet, ein wenig aufzumerken. Ich muß daran denken, als ich die Post öffne, die neuesten Telegramme lese. Nichts Außergewöhnliches ist geschehen. Naturkatastrophen – blutige Zusammenstöße – Unglücksfälle – Ozeanflug. Schicksalhaft sicher für viele, aber keineswegs für alle. Von dem weltentscheidenden Ereignis ist nichts zu spüren. Aber, überfällt mich da ein großes Bedenken, ist es überhaupt möglich, schon heute die Bilanz dieses Tages zu ziehen? Auch nur über Bedeutung oder Geringfügigkeit eines Vorfalls auszusagen? Alles kann unkenntlicher Beginn, alles kann schreckliches Schicksal sein. Ich fühle meine Leichtfertigkeit. Alles wird mit einem Male wichtig und schwer.

Wie, wenn *alle* alles mit einem Male auch bloß für einen Tag wichtig und schwer nähmen? Den mechanisierten Ablauf ihres Familienlebens, das Schema ihrer Berufsarbeit. Den Morgengruß an die Frau, die Unterzeichnung der Aktenstücke. – Schicksalstag?

Perfekter Optimist gesucht

14. April. Im »New York Herald« las ich heute diese Annonce:

Gesucht
kleiner, dicker Mann mit Glatze und
guten Zähnen. 40 Dollar wöchentlich.
Vorzustellen morgen zwischen 8 und 10.
Gridgeman,
Marmelade en gros, 293 Ninth Street.

15. April. Ich war der Erste. Mister Gridgeman besah meine Figur, prüfte Glatze und Zähne und sagte dann: »Lächeln Sie.« Ich verstand ihn nicht recht, und er wiederholte seinen Wunsch. Die Situation war so komisch, daß ich wenig Mühe hatte, über das ganze Gesicht zu grinsen. »Well, Sie sind engagiert.« Mister Gridgeman klopfte mir mit einer stahlharten Hand auf die Schulter. Wir betraten sein Privatkontor. Er zeigte nach einem Lederstuhl, genau vis-à-vis seinem Schreibtisch. »Ihre Aufgabe ist, täglich von acht bis zwei in diesem Fauteuil zu sitzen. Sie können Kriminalromane lesen, Memoiren schreiben, rauchen, meinetwegen auch Strümpfe stopfen. Aber Sie müssen lächeln, immer lächeln. Das ist die Hauptsache. 40 Dollar die Woche. Und morgen treten Sie an. Good bye.«

16. April. Ich habe eine schlaflose Nacht hinter mir.

Dieser Mister Gridgeman scheint irrsinnig zu sein. Oder will er mich seinen Kunden vorführen: meine Korpulenz sei einzig auf den regelmäßigen Genuß der unerreichten Gridgeman-Marmelade zurückzuführen? – Punkt acht bin ich zur Stelle. Mister Gridgeman ist schon da. Ich nehme Platz. Etwas verschämt gehe ich an die Arbeit. Ich lächle zu Mister Gridgeman hinüber. Dann und wann blicke ich um mich. An den Wänden hängen sehr lehrreiche Statistiken über den Eiweißgehalt kalifornischer Pflaumen und so zehn gescheite Sätze: Gridgeman-Bananen sind Wolkenkratzer von Güte, Nährwert und Kultur. Und: Weiches Parfum ist edler als das Aroma unseres Ananas-Jam? – Durch die Glastüre sehe ich das nette, schmale Gesicht einer Stenotypistin, ihr Haar ist schwarz und glattgekämmt, sie tippt ein gutes Tempo und gefällt mir nicht übel. – Ich lächle immerfort, zwei Stunden, vier Stunden, sechs Stunden.

22. April. Das ist ein herrlicher Posten. Sie haben mir die erste Wochengage gezahlt, 40 Dollar. Ich glaube, daß ich im Verhältnis zu meiner lächerlichen Arbeit der bestbezahlte Kerl der Welt bin. – Mister Gridgeman hat mir noch kein Wort gesagt, warum und wozu. Meine Neugierde flaut ab. Ich habe alle Möglichkeiten durchgedacht, es ist nichts Rechtes herausgekommen. Mister Gridgeman ist eben ein harmloser Irrer, und ich habe nicht den Mut, einem Geisteskranken Fragen zu stellen. Übrigens ist Mister Gridgeman sehr liebenswürdig zu mir. Ich rauche seine Zigarren und kaue seinen Gummi. Diktiert er der netten Stenotypistin, sie heißt Bessie, Geschäftsbriefe, dann nickt er mir freundlich zu. Während seiner interurbanen Telefongespräche mit Philadelphia, Baltimore und Denver

und den Plantagen in Alabama und Südcarolina erwidert er mein Lächeln. Ja, wenn Geschäftsleute kommen, stellt er mich ihnen als Freund vor. Er macht Offerte, spricht von der neuen Ernte und von Prachtstücken von seinen Grapefruits, nimmt waggonweise Bestellungen auf seine Marmelade entgegen. Keinen Augenblick aber blickt er von meinen Augen weg und von meinen Lippen, die zu einem ewigen Lächeln gefroren sind.

4. Mai. Es geht alles in bester Ordnung. Aus Jefferson-City bekam ich böse Nachricht: Die Farm meiner Schwiegereltern wurde durch die Überschwemmungskatastrophe des Mississippi arg hergenommen. Aber das hindert mich nicht, weiter zu lächeln.

7. Mai. Mister Gridgeman scheint mit mir sehr zufrieden zu sein. Immer öfter klopft er mir mit seiner stahlharten Hand auf die Schulter, ich habe schon gut ein Dutzend blauer Flecke. Tagtäglich kriege ich mittags eine Eiscreme serviert. Mein Gehalt ist auf 50 Dollar gesteigert worden. Sonntag gehe ich mit Bessie zu einem Baseballmatch.

17. Mai. Ich bin sehr niedergeschlagen, Bessie hat sich plötzlich verlobt, mit einem Wäschefabrikanten aus der Bronx. Was soll ich tun? Ich muß lächeln. Vielleicht geht es so: ich habe mir Witzblätter abonnieren lassen, Life, Punch, den New Yorker und den Judge. Aber ich halte diese Methode für verfehlt. Ich will doch lieber den politischen Teil der Tageszeitungen lesen.

31. Mai. Gridgeman hat ein ganz großes Geschäft abgeschlossen. Er lacht laut auf, kommt auf mich zu und schlägt mir eine auf die Schulter, daß ich in die Knie sinke. »Hallo. Du bist ein Prachtjunge, ich habe

durch dich mein ganzes Marmeladenlager an den Mann gebracht, und ich wette, daß 80 Prozent schimmlig war. 200.000 Dollar. Feine Idee, dich zu engagieren. Ah, du weißt noch gar nicht, wozu ich dich brauche? Du bist mein Glücksbringer. Ich muß einen Optimisten um mich haben, einen dicken Kerl, der immer lacht und wie das Leben aussieht. Wenn ich dich sehe, kann nichts schiefgehen, nichts.«

1. Juni. Heute fand ich die Bürotüre versperrt und das Schloß amtlich versiegelt. Unter dem Firmenschild war ein schmaler Streifen Papier, mit Schreibmaschinenschrift drauf.

Wegen Konkurses gerichtlich geschlossen.

Renovierung

Kaffeehäuser haben etwas vom Wesen gut eingespielter Geigen. Sie geben Resonanz, schwingen mit und verleihen spezifische Klangfarbe. Das jahrelange Geschrei der Stammgäste hat ihre Fasern und Atome auf besondere Art gelagert, und wunderbar vibrieren Gebälk, Vertäfelung und selbst die Möbelstücke im Lebensrhythmus der Besucher. An den beschmauchten Wänden hat Bosheit und Gedankengift eines Dezenniums sich als goldig strahlender Lack, als edelste Patina niedergeschlagen. Jeder Ton spricht an, die leiseste Schwingung, den unscheinbarsten Gehirnen entstammend, läuft ungebrochen in geheimnisvollen Wellen durch alle Moleküle des prachtvoll durchgespielten Klangkörpers, über den sich Tag um Tag die Stammgäste als Saiten aufziehen, um jene beglückende Resonanz zu gewinnen, die ihnen Leben, Beruf oder Familie meistenteils versagt. Das molekulare Wunder, das sich hier vollzieht, das Phänomen metaphysischer Beseelung von Stammlokalen durch die Ausstrahlung ihrer Besucher harrt noch der wissenschaftlichen Erforschung.

Welchem Besitzer einer Amatigeige würde es aber einfallen, eines Tages den uralten, durchtönten Lack seines Instruments, dessen Atome erfüllt und gesättigt sind von dem Klang zahlloser Konzerte, mit Glaspapier abzuscheuern und die Geige mit feiner Goldbronze zu überziehen? Beklagenswerte Barbarei, die in zunehmendem Maße am Werk ist, ein solches Verfahren bei Stammlokalen zu praktizieren! Eines Tages betrittst du die vertraute Stätte, findest die Möbel entfernt und gewahrst auf hohen Leitern Männer, mit höhnischen Papiermützen, die deines Wesens kostbarste Destillate und Niederschläge mit scharfen Werkzeugen von den Wänden kratzen. Als feinen Staub längs der Mauern gelagert, erkennst du erschüttert den besten Witz deines Lebens nebst dazugehörigem schallenden Gelächter, trittst unversehens in die treffenden Bemerkungen, die du einst über das Wesen der Schachfreunde sprachst und kommst gerade zurecht, wie die Toilettenfrau, anderen Funktionen vorübergehend entzogen, mit einem Ausreibfetzen jene zärtlichen Worte vom Boden aufwischt, die du 1916 Amalie und 1918 Laura mit geringfügigen kleinen Abänderungen ins Ohr sagtest. Den Kopf prüfend zur Seite geneigt, die Hand an der Uhrkette, steht der Cafétier deiner aufs tiefste bewegten Gestalt zur Seite und sagt: »Da! Schauen Sie sich an!«

Jetzt wird es also anders werden. Schon liegen irgendwo zwei sehr schöne Elefantenköpfe bereit, mit fackeltragenden Rüsseln, als geschmackvolle Beleuchtungszierden jener beiden Pfeiler. Schon harren in reichgeschnitztem Renaissancerahmen: Fischerfamilie, Dachstein von Gosansee und Fellachenmädchen ihrer schmückenden Bestimmung. Rot und Gold. Brokat und Rips. Die Tänzerin Kitty Starling ... Ein Polarbär, einen lichtdurchfluteten Eisblock umschleichend ...

Die Frauen sind schuld daran, glaubt mir, die Frauen mit ihrem furchtbaren Mangel an historischem Sinn, der im häuslichen Alltag so segensreichverhängnisvoll als Ordnungsliebe und Sauberkeit in Erscheinung tritt; die Frauen mit ihrer holden Gegenwartsverbundenheit, die des Stromes der Zeit nicht acht hat und Aeonen couragiert Kosmetik, Kleid und Teppichklopfen entgegenstellt. Nach Zeitvernichtung steht ihr Sinn. Wann wäre ein Mann je auf den Gedanken gekommen, ein Vorzimmer frisch malen zu lassen? Wann hätte ein Anstreicher jemals geahnt, daß der Pinsel in seiner arbeitsgewohnten Hand ein naher Verwandter jener Puderquaste ist, die gegen die Pyramiden von Gise aufmuckt? Wann hätte aber auch andererseits je eine Frau die metaphysische Einstellung des Mannes ganz erfaßt, die ihn hindert, seine alten Hüte, die Dächer seiner Gedanken, mir nichts dir nichts zu verschenken oder wegzuwerfen? Blindlings ihre Ideale auf ehrwürdige, traditionsgeheiligte Gaststätten übertragend, ist sie als Cafétiersgemahlin darauf erpicht, auch im Café dem Prinzip der Häuslichkeit Geltung zu verschaffen, gründlich machen, aufräumen, malen, kurz die Zeit tilgen zu lassen und dem Gast ein blitzblankes, behagliches Heim zu bereiten. Wer aber kommt schon gern nach Hause, frage ich? Sie drängt den widerstrebenden Gemahl. Man müsse mit der Zeit gehen, müsse umbauen, das Bild verändern, vergolden, Rot auflegen, die Möbel polieren und dem Lokal die Haare färben lassen. Das Stammlokal, ein Ort extremster Männlichkeit, ist drauf und dran, ein vollendetes Femininum zu werden, das durch unermüdliche Renovierung, durch lächelnde Ableugnung aller Jahre und jeder Vergangenheit dem Begriff des »Zeitvertreibs« eine eigenartige und so spezifisch weibliche Deutung verleiht. Ehrwürdiges Antlitz des Stammcafés! Mit Gold und Rot hat man aus deinen Zügen die Zeit vertrieben. Erschüttert steht der Stammgast vor der Vernichtung seiner Jahre, vor der Tilgung von seines Wesens hingehauchter Spur. Die Kaffeesiederin aber zieht sich ein neues Kaffeehaus an ...

Warum riechen Streichhölzer nicht mehr so?

Nachts erwachte ich. Der Regen schlug an die Scheiben. Über die Wand glitt ein dünner Schein. Im Hause gegenüber hatte jemand Licht gemacht. In diesem Augenblick flog es mir zu. Es war nicht schlechtweg eine Geruchsempfindung, was von mir Besitz nahm, es war mehr, es war ein fast schmerzhaftes Gefühl, das durch den ganzen Körper zog, jede Zelle in ihm durchdrang und sie auf rätselhafte Weise verwandelte.

Wie war dies doch?

Ja, so war es gewesen: Ein Streichholz rauschte sanft über die Reibfläche, flammte auf. Und schon stieg ruhig, geisterhaft, die blaue Spiritusflamme empor. Ihr Duft vermengte sich mit dem letzten Hauch des sterbenden Hölzchens. Nun mischte sich als süße Ahnung der Geruch des Kakao hinzu, der summend sich langsam erwärmte. Welch liebliche Geruchssinfonie strich mir da plötzlich schmeichelnd ums Gesicht? Wie waren ihre Stimmen? … Spiritus … Kakao … Verlöschendes Streichholz … Warum riechen Streichhölzer nicht mehr so?

Ja, wie kommt es? Ist auch an euch, ihr Streichhölzer, die Entwicklung, der Fortschritt, die Katastrophe nicht spurlos vorübergegangen? Ist es Neuerungssucht, oder die Not der Zeit, die euch heute aus anderen, kalten Materien zusammensetzt? Eure Seele ist dahin. Habt ihr eine neue? Ich kann sie nicht spüren. Bin ich zu alt, um wie damals den Geist der Dinge mit gierigen Nüstern einfangen zu können?

Oh, gesegneter Duft aus den sonnendurchglühten Lederpolstern eines Landauers! Die Sonne brannte, dünner, feiner Staub lag auf der Straße und welkes Gras duftete, grün und krautig dazu, vom Boden auf. Die Schritte der Fronleichnamsprozession waren darüber hinweggegangen. Es gab Peitschenschnüre. Man trat in den kleinen Laden ein. Da hingen sie zu Dutzenden an der Tür, geheimnisvoll, dunkle schlanke Würmer, mit kleinen farbigen Wollquasten geziert, schwarz und neu, und dufteten und bedeuteten Pferd und Stall und mächtige Herrschaft über beide. Und aus einem der unzähligen Schubfächer, die bis zur Decke emporstiegen, schwebte der verstreute Duft jenes einzigen, rätselhaften Gewürzes hervor, das zu sehen, zu spüren, beim Namen zu nennen noch keinem Sterblichen aus dem Kreise der Kundschaft je vergönnt war. Verlockend für unmündige Seelen, dreimal des Tages den Laden zu betreten, Geheimnis der Zunft und nur ihren größten Leuchten geoffenbart. Sie wußten dieses Geheimnis wohl zu bewahren. Fragte ich, so erklärten sie mit heuchlerischen Mienen, sie wüßten nicht, was ich meinte. Teure Gerüche, »Peitschenschnur« und »Kramladen«, wo seid ihr hingeraten?

Und dann: Erster Tag in der Sommerwohnung. Geruch von nassem Pfeifenton. Mit ihm war die Stiege strahlend weiß bestrichen. Aus dem Keller roch es dumpf und sandig. Und dieser berückenden Zweiheit gesellte sich aus den Zimmern das Gemisch von Politur und Winteräpfeln. Oh, es war bezaubernd! – Schwimmschule, das war neuer Gummiball, heißes, graues Holz und Papier, an dem noch etwas sonnendurchweichte Butter klebte. Glashaus war schwüle, feuchte Erde, war Stille. Auch die Stille hatte ihren

Duft. Daß selbst die Luft an manchen Wintertagen so herrlich roch! Welcher Bestandteil der Kohle mochte das gewesen sein? Drei Arten von Gerüchen gab es da. Ich nannte sie »Lied ohne Worte«, »Sonate pathétique« und »Mumms«. Heute, glaube ich, kommt die Kohle aus Schlesien, und es riecht einfach nach Kohle. Schlesische Kohle ist sachlich. Damals war es vielleicht Kohle aus Cardiff. Vielleicht riecht es in England immer noch »Lied ohne Worte«.

Das Licht an der Wand ist erloschen. Ich drehe mich auf die andere Seite. – Verloren! sage ich. Man verwendet neue Materialien. Während des Krieges sind viele Stoffe ausgegangen. Man hat sie durch andere und wohlfeilere ersetzt. Und man bleibt jetzt dabei. Das ist der Fortschritt. Eine Welt ist verschwunden und wird nie, nie mehr wiederkehren. Denn es ist von volkswirtschaftlichem Standpunkt aus nicht sehr wichtig, daß die Winterluft nach »Sonate pathétique« riecht. Welkes Gras nennt man Heu. Es ist Viehfutter. Zur Erzeugung von Streichhölzern darf Phosphor nicht mehr verwendet werden.

Einmal werde ich doch vielleicht nach Paris kommen und im Generaldepot des großen Parfümfabrikanten nach dem lieblichen, verschollenen, beseeligenden »Astris« fragen. Der alte Verkäufer wird in einem Katalog blättern. »Oh, mein Herr«, wird er sagen, »das erzeugen wir schon lange nicht mehr. Ein älteres Parfüm. Wird nicht mehr verlangt.« – Und mit dem Klang dieser Worte wird für immer der Schein jener geliebten Gestalt verschwinden, die, den Bademantel hoch über dem strahlenden Haupt haltend, durch das seichte Meer hinüber zur Insel watete. – »Sie sind traurig, mein Herr«, wird der Verkäufer sagen. »Wir Parfümeure haben einen traurigen Beruf. Wir töten Vergangenheit. Parfüms gehen dahin und ihre Welten ... Und wir schaffen wieder neue.« – »Dieser Flakon«, – und er wird mir ein funkelndes, sprühendes Kristallfläschchen zeigen – »unsere neueste Kreation, L'avenir – was denken Sie wohl, was hier an Schicksal schlummert? – Ein bißchen gottähnlich sind wir, wie? Nein, vielleicht ist es doch nicht so traurig, Parfümeur zu sein.«

Und ganz schüchtern werde ich ihn fragen: »Kennen Sie den Duft der Kellerstiege? Oder vielleicht den Geruch des sterbenden Streichholzes? Peitschenschnur? Schwimmschule? Warum, mein Herr, immer die Zukunft? Warum alles den Jungen? Warum Ahnung? Warum nicht Erinnerung? Parfums retrospectives! ›Escalier de cave‹; ›Cordelette de fouet‹; ›Petit nageur‹; ›Alumette mourante‹ ... Ich frage Sie – –«

Er blickt mich an. Sein gutes, bärtiges Gesicht beginnt zu verschwimmen, und ich schlafe ein.

Die Rose von Jericho

Dieses Wunder hat sozusagen ein »biblisches« Alter. Schon der Prophet Jeremia erwähnt die *»Rose von Jericho«* verschiedentlich. Auf der Suche nach neuen Ausfuhrprodukten hat der Palästinaexport diese Attraktion jetzt auch zu uns gebracht. Für zwei Mark kann nun jeder in den besseren Blumengeschäften die geheimnisvolle Pflanze erwerben. Etwa birnengroß, schmutziggelb, die eingetrockneten, kleinen Blätter eng zusammengepreßt, mag man dieses kümmerliche Moos gar nicht als »Blume« anerkennen. Aber wie so oft trügt auch hier der Schein. In *kochendem* Wasser vollzieht sich mit diesem Aschenbrödel eine Wundermetamorphose. Was sonst tötend, wirkt hier lebensspendend. Aus der botanischen Mißgeburt erblüht die Rose von Jericho.

Vom Forschungstrieb bedrängt, opferte ich zwei Mark und erwarb das Gewächs. Nachmittags besuchte ich Steffie. Ich traf sie beim Kaffeekochen, wie sie grade das siedende Wasser umschütten wollte. »Halt«, rief ich, »paß mal auf, jetzt passiert ein Wunder.« Und damit langte ich aus meiner Jackettasche die verkappte Jericho-Rose und warf sie in den Kaffeekessel. Steffie und ich paßten längere Zeit angestrengt auf. So ungefähr eine Stunde. Dann passierte es langsam. Das Schmutziggelb verwandelte sich in Dunkelgrün, die eingetrockneten, kleinen Blätter begannen sich zu spreizen. Es war ja ganz nett, aber um dieses Physikexperiment der Tertia für ein »Wunder« auszugeben, bedurfte es schon der Autorität eines Propheten.

Am nächsten Tag trug ich meine Rose wieder in das Blumengeschäft zurück. »Fräulein«, klagte ich der Verkäuferin, »Ihr Wunder gefällt mir nicht. Tauschen Sie es mir bitte um.« Da kein anderes Wunder verfügbar war, gab ich mich mit einem Kaktus zufrieden. Einen Kaktus kann man immer verwenden. Am 30. d. M. hat beispielsweise Tante Emma Geburtstag. Vor sieben Jahren verehrte ich ihr einen in der Untergrundbahn gefundenen, versilberten Bleistift. Seitdem hat mir das unglückliche Datum kein Geburtstagsgeschenk mehr erlaubt. Diesmal werde ich sie mit der Stachelpflanze beglücken. »Aber Junge«, wird sie sagen, »am 30. hast du Geld für ein Präsent? Es geschehen noch Zeichen und Wunder.« – Wodurch die Rose von Jericho wenigstens indirekt eine Bestätigung der ihr zugeschriebenen Eigenschaft erfahren würde.

Kleine Wirtschaftslehre

Vor 35 Jahren erhielt ich einen Kinderschokoladenautomaten geschenkt. Man bettelte bei Verwandten zudringlich um Geld, warf es in den Automaten, ein Griff – und vor dem Käufer oder Verkäufer lag ein Päckchen grau angelaufener Schokolade, das freudig und gerne der Tante angeboten wurde. War der Automat leer, so wurde er mit einem kleinen Schlüssel geöffnet, und das vorhandene Geld ward zwangsläufig zum Ankauf neuer Füllung verwendet, die en gros sich etwas billiger stellte als bei automatischem Verkauf. Zu unserem kindlichen Spielzeug trat klein und niedlich der Zwischenhandelsnutzen. Man hatte Profit, ergänzte das Lager, war Unternehmer. Das »Geschäft in sich«, als Märchenprinz verkleidet, blickte durch einen Türspalt in die Kinderstube. Da ward das Verkaufstalent frühzeitig herangebildet, penetrante Zudringlichkeit geschärft, der Erwerbssinn geweckt und in den Dienst des Volksvermögens gestellt.

Der Schokoladenautomat ist das Vorbild. Unverständlich, daß der damals gesäte Same erst jetzt in mir aufgehen, erst vor kurzem jenen fruchtbaren Gedanken in mir reifen lassen konnte, mit dem ich mich jetzt anschicke, reich und mächtig zu werden. *»Jeder sein eigener Zwischenhändler«* ist die Devise, nach der zu leben ich nunmehr gesonnen bin und deren Sinn und Inhalt ich hiermit der Öffentlichkeit übergebe.

Ein Beispiel: Ich rasiere mich selbst. Ich kaufe Seife,

Pinsel, Alaunstein, Kölnischwasser und Puder. Ich schärfe die Messer. Ich wende Zeit, Mühe, Kosten darauf, meinen Bart sauber zu entfernen. Welchen Nutzen habe ich davon? Wohin wandert der Kapitals- und Arbeitsertrag meiner täglichen Bemühungen? Ist es mir in meiner Verblendung jemals eingefallen, mich für allen Aufwand entsprechend zu entlohnen? Sträfliche Vergeudung volkswirtschaftlicher Substanz! Es wird von nun an anders. Ich bezahle mich selbst. Ein wenig billiger rasiere ich mich, als der Raseur es täte, denn ich will ihm Konkurrenz machen. *Aber ich bezahle mich.*

Ich verabreiche mir Speisen, die ich billig kaufe und teurer an mich weitergebe. Wie freue ich mich, den Nutzen selbst einzustreichen, den der Gastwirt an einem Paar Würsteln hat!

Bei allen Bedürfnissen des Lebens, die ich als Unternehmer mir befriedige, schlage ich zu den Selbstkosten einen 20prozentigen Zwischennutzen zu.

Kaugummi beziehe ich an einem Automaten, der in meinem Vorzimmer aufgestellt ist und dessen Gewinn mir zufällt.

Zigaretten liefere ich mir nur zu Kellnerpreisen.

Bei Aufsperren des Haustores schreibe ich mir Trinkgeld zu.

Unausgesetzt umwerbe ich mich als Konsumenten, für den das Beste gerade gut genug ist, und dem das größte Entgegenkommen zu zeigen zu meinen unumstößlichen Geschäftsprinzipien gehört.

In meiner Wohnung sind Plakate zu erblicken, auf denen mit fülligen und würzigen Worten die Güte kosmetischer Artikel, die Bekömmlichkeit altbekannter Wein- und Likörmarken und die Wirksamkeit bewährter Medizinalien angepriesen wird.

Umsichtig regle ich Angebot und Nachfrage, hebe rastlos durch wohlerwogene Maßregeln den Konsum und betreibe wirksame Reklame.

Auf einem Stehpult ruht dick und behäbig das Hauptbuch, in dem ich mit der Sorgfalt des ordentlichen Kaufmannes meine Geschäfte unter Soll und Haben vermerke. Täglich ziehe ich Bilanz. Ich weiß jederzeit, was ich soll.

Leider fehlt es mir etwas an Betriebskapital. Kürzlich habe ich bei Schimmelpfeng eine Auskunft über mich eingeholt. Soll ich mir weiter kreditieren? Man muß als Geschäftsmann vorsichtig sein.

Ich fürchte, ich bin nicht gut.

Filmterror

Das geht nun schon Monate so, täglich zweimal, mittags auf dem Wege zum Restaurant, kaum eine Stunde später bei der Rückkehr wieder, immer an dem gleichen, unausweichlichen Platz, drängt sich dieser Mensch an mich, überfällt mich sein feierlich-drohender Anruf. *Sie sind soeben gefilmt worden.* Die ersten Male erschrak ich ernsthaft, glaubte tatsächlich, daß irgendein auf der Typenjagd befindlicher Regisseur mich ohne mein Wissen für seine Komparserie ausgewählt hätte. Jetzt, da ich weiß, daß dieser Unfug nichts mit der Flimmerwelt zu tun hat, nur ein neues, zeitgemäßes Gewerbe, die »Bewegungsphotographie« vertritt, bin ich weniger empfindlich. Trotzdem, die Formulierung dieser Feststellung, dieser beleidigende Passiv »gefilmt worden«, stört mich jedesmal wieder. Es wurmt mich, daß ohne auch nur meine Einwilligung einzuholen, diese bilderhungrige gelbe Kiste sich dauernd meines Gesichtes bemächtigen darf, das vor jedem Objektiv zu hüten, ich sonst sorglich bemüht bin. Aber mehr noch als diese Vergewaltigung ärgert mich eigentlich die blinde Dummheit des Kurbelmannes, dieses sinnlosen Verschwenders, der hundertmal sich voll Mühe mein Portrait einfing, hundertmal vergeblich seinen Zettelverteiler gegen mich sandte, immer aber noch nicht meine Filmaversion erkannte, mir immer noch zweimal täglich die Unannehmlichkeit aufzwingt, ihm eine Enttäuschung zu bereiten. Ich habe es mit verschiedenen Demonstrationen versucht, den Hut vor den Kopf gehalten, auf die andere Straßenseite geschaut, mit Armen und Händen abgewinkt, es nützt nichts, der Kurbelmann deutete alles nur als neue, interessante Variante seiner Bewegungsstudien. Neulich glaubte ich, meinem Geschick entgehen zu können, indem ich einen aus dem Kamerabereich liegenden Querweg wählte. Ich hatte nicht damit gerechnet, daß bei dieser modernen Photographie natürlich auch das Stativ beweglich ist und es nur einer kleinen Drehung bedurfte, um mich auf meinem Seitensprung einzuholen.

Nach langer Überlegung habe ich jetzt ein Experiment gewagt, das mich, wie ich hoffe, endgültig vom Filmterror befreien wird. Nicht widerwillig, innerlich opponierend wie bisher, nein, vergnügt lächelnd, die Haltung gestrafft, Augen rechts zum Apparat, richtig photographiegerecht, ließ ich mich kurbeln, nahm dankend dann die Ankündigung meiner Filmpremiere entgegen. Gestern habe ich mein Bild abgeholt. Die Beine schienen mir etwas zu stark gekrümmt, wahrscheinlich ein Linsenfehler, aber sonst war es eine sehr lebensecht bewegte Photographie. Mit roter Tinte schrieb ich unter die Aufnahme: »Diese Person wünscht nicht mehr gefilmt zu werden« und überreichte sie so am Mittag dem Kurbelmann. »Sehen Sie«, sagte ich zu ihm, »das beste wäre es, wenn Sie dieses Bild direkt an Ihrem Kasten befestigen würden. Sie sparen dadurch täglich einen Filmstreifen und ich kann endlich ruhig in mein Restaurant gehen«. Er schien über mein Angebot zu erstaunt, um gleich eine Antwort finden zu können. Ich glaube ja nicht im Ernst, daß er meinen Wunsch erfüllt, aber mein Gesicht wird er trotzdem wohl behalten. Daß jemand seine Aufnahme nicht abholt, das ist ihm ein aus der Trägheit des Portemonnaies begreifliches Alltagserlebnis. Aber daß jemand eine Mark opfert, um *nicht* gefilmt zu werden, das ist letzten Endes ein kaum verhüllter Angriff auf seine *Berufsehre.* So was vergißt man nicht. Hoffentlich kommt er nur jetzt nicht auf den Gedanken, ein neues Geschäft auf der – Filmablösung zu organisieren.

Bei den Wiener Optimisten

Sie sind die Optimisten,
sie sind ihres Zeichens Humoristen.
Humoristen? Nein, das sind sie nicht –
nur: der Humor ist ihre Pflicht.

Herrreinspaziert, Ausverkauf in Wiener Spezialitäten, Apfelstrudel, Gumpoldskirchner, alte Dvahrer, Zwetschgenknödel, Psychoanalyse, Schlagobers, blaue Donau, Sachertorte, dulliäh!

Nun sind die Wiener Optimisten Unter den Linden eingezogen, mit Radetzkymarsch und k. und k. Burgmusik, und haben sich in der funkelnagelneuen goldlackierten »Fledermaus« häuslich niedergelassen.

Weil in Wien die Pleite ist, weil man in Wien seine »Marie« hat, und weil die Berliner auf Walzer, Prater und Grinzing furchtbar scharf sind.

Da haben sie die Koffer gepackt und sind losgegondelt mit dem Kurs auf Berlin. Und sie vergaßen nicht, ihre Heimat mitzunehmen, auf Flaschen gefüllt, in Pillen, von allem »a bisserl«.

Alles Heimarbeit, alles Made in Austria. Oberoptimist, künstlerischer Leiter, Autor, am Flügel und mit dem Star verehelicht ist: Ralph Benatzky. Oberoptimistin, unumstrittener, vielbejubelter Star und mit dem künstlerischen Leiter, Autor und so weiter verheiratet ist: Josma Selim.

Um die zwei dreht sich aller Optimismus. Sie kamen

mit neuen Piecen, fein, duftig, apart. Benatzky ist durch und durch künstlerisch, das wußten wir. Er fliegt nicht auf Reisser. – Spitzmalerei, Kärtnerstraße, Akkord ... Schnitzlers Anatol.

Überdies ein Glücksvogel: er hat die Selim, und der Kontrakt läuft nicht ab. Sie ist die Wiener Yvette Guilbert. Sie hat bezaubernden Charme, und sie weiß auch mit ihrer Stimme etwas zu beginnen. Am schönsten das Balzac-Chanson und die Strophen von Diogenes und »Deutsche Sprache« und alles und alles.

Es ist keine Revue, auch kein Kabarett, noch eine Operette. Es ist alles zusammen, ein Durcheinander von Szenchen und Einfall, recht nett, recht fein. Aber das Ganze scheint Hals über Kopf hingeworfen, rasch, rasch, die Saison beginnt.

Da liegen die Fehler: zu viel Wien. Es ist ein Wagnis, aus dem Zug nach dem Westen zu steigen. Wenn die Optimisten ihre Zelte in der City aufschlagen, so müssen sie mit dem Hotelpublikum von Unter den Linden rechnen. Und ob's denen nicht zu süß wird?

Zu viel Wien. Streckenweise versteht man nicht ein Wörtchen. Wozu in die »entern Grund« (ins Wiener Wedding) schweifen, wozu Atelierscherze und Jargon? Oh, wir lieben Wien. Aber nicht zu viel. Zu süß, zu viel Apfelstrudel und zu viel Schlagobers.

Benatzky, der Brave, will das Beste. Die sympathischen Optimisten haben mit ihrer Kleinkunst den Blauen Vogel nicht abgeschossen.

Aber nicht gar zu streng:

Auch wir sind Optimisten!

Berliner Rendezvous

Rendezvous (franz., sprich rangdewuh, begebt euch dahin): Stelldichein, Zusammensein, Bestellung an einen Ort, auch der Ort selbst. –

Soweit das Meyersche Konversationslexikon, sechste Auflage, Band 16, von Plaketten bis Rinteln.

Adam, zum Beispiel, traf Eva mit Vorliebe an einem bestimmten Apfelbaum. Was Ramses anbelangt, so harrte er Abend für Abend an der dritten Ecke der zwölften Pyramide geduldig seiner Favoritin. Cäsar hingegen hatte mit Vercingetorix bei Regenwetter unter der Rheinbrücke eine Verabredung. Wie bunt es Casanova getrieben hat, läßt sich in Anbetracht der Raumbeschränkung nicht beschreiben, seine Rendezvous sollen in einem Saffianfolianten verzeichnet gewesen sein, der die Dicke eines Berliner Telephonbuches hatte.

Man unterscheidet Rendezvous geschäftlicher, freundschaftlicher, verliebter und familiärer Natur, woraus sich folgerichtig ergibt, daß es Rendezvous gibt, zu denen man gern und solche, zu denen man ungern geht.

Naturgemäß sind Rendezvous an Apfelbäumen, Pyramiden, unter Rheinbrücken stark aus der Mode geraten. Man zieht es heutzutage vor, zu solchen Zwecken ein Café, ein Restaurant in Anspruch zu nehmen. Man trifft sich im Freien, auf frequentierten Plätzen, unter Denkmälern und Uhren, an den

Haltestellen der Straßenbahnen und vor Theatern und Kinos.

In Berlin spielen drei Plätze die erste Rolle: Die Kranzlerecke, die Berolina am Alexanderplatz und die Normaluhr am Zoo. (Ohne auf Vollständigkeit Anspruch zu erheben.)

Was nämlich die *Kranzlerecke* anbelangt, so erinnert sie lebhaft an einen der klassischen Treffpunkte der Welt, an die Sirkecke in Wien. Sie ist der Rendezvousplatz der internationalen Gesellschaft, der Sammelpunkt der mondänen Welt, die in den Hotels Unter den Linden zu Hause ist. Madame trägt einen Chinchillapelz und wartet auch nicht zu lange, ihr Teepinscher blickt nach Monsieur aus und bellt. Schnurrbärte duften nach Pariser Pomaden, haarscharf jeder Hosenbug, und der Autos Gehupe scheint ein wohldressiertes Saxophonkonzert. Gewiß, auch Berliner treffen sich da, aber selten, meist zu einem gemeinsamen Theaterbesuch oder zu einem Bummel durch das abendliche Museum: Berliner Zentrum.

Der *Alexanderplatz* ist der Rendezvousplatz der kleinen Mädchen. Aus allen Straßen, aus allen Ecken fließt der Strom der Beamtinnen und Verkäuferinnen auf den Alexanderplatz, staut sich vor den Autobushaltestellen, vor der Untergrundbahn. Und wartet. Verbissen. Er muß kommen. Nur noch drei Minuten warten, wenn er dann nicht kommt ... Er kommt nicht. Das Mädel beschließt, noch bis hundert zu zählen. Zählt bis neunhundert. Von ihm keine Spur. Das akademische Viertel ist längst vorüber. Ich werde ihn erwürgen, sagt sie sich. Da kommt er. Und Arm in Arm flattern sie schon davon.

Das populärste Sommerrendezvous ist die Normaluhr am Zoo. Das Tor zur Natur. An Sonntagen von Familien umlagert. Kind und Kegel. Weekendfahrer. Erwachende Jugend. Pfadfinder. Provinzler mit Erkennungszeichen im Knopfloch. Die Partnerin für den Wannsee. Oder für das Kurfürstendamm-Kino. Oder für den Fünfuhrtee. Für den Lunapark. Oder für den Zoo. Alles gafft zur Uhr hinauf. Manchmal geht sie so schnell, manchmal so langsam. Aber es gibt auch Rendezvous, die *nicht* eingehalten werden.

Warum fiel mir ein, bei dieser Kälte die Tiergartenbank als Treffpunkt zu wählen, wo ich ihrer vergeblich wartete. Und es hagelte doch nicht und es regnete nicht.

Nächtliche Spazierfahrt über Berlin

Wie man den deutschen Nachtflugverkehr organisiert

»Jetzt bin ich aber neugierig«, sagte die Nachbarin links, sie drückte ihre Nase gegen die eiskalte Scheibe der Flugzeugkabine und sah hinunter, wir passierten eben Schöneberg, »ob mein Mann schon zu Hause ist.« Eine Viertelstunde zuvor war sie noch ein einziges Häuflein Angst, frierend und zähneklappernd. Sie tat sehr mutig und versuchte, uns alle angesichts der dröhnenden Dreimotorigen zu bluffen: Schminkte ihre Lippen, daß sie signalrot wurden wie die Neonröhren, die das Tempelhofer Feld umgrenzten.

Nun, da wir in 600 Meter Höhe über dem nächtlichen Berlin Kurve an Kurve zogen, glaubten ihr alle neun Passagiere die Ruhe, ja sogar die Ehrlichkeit und Fürsorge, die sie für ihren Gatten in Schöneberg an den Tag, nein an die Nacht legte.

Denn, wie waren wir alle? Kühl bis ans Herz.

Und was war unter uns? Das Lichtermeer von Berlin.

Wie arbeiteten die Motore? Wie Präzisionswerke. Was lag hinter uns? Die Bedenken einer ungläubigen Generation. Und vor uns, ganz nahe Bal paré im Riesenflugzeug mit anschließendem Billardturnier. Dergestalt rapid ist die Entwicklung.

Denn heute dient auch die Nacht dem Verkehr.

1924, als wir hörten, daß die amerikanische Luftschiffahrt einen regelmäßigen Tag- und Nachtdienst zwischen New York und San Francisco eingerichtet hatte, schüttelten wir den Kopf. Wir hatten uns noch nicht von der Sicherheit eines Tagfluges recht überzeugen lassen, und schon planten technische Futuristen die Nacht, die furchtbar finstere, gefahrvolle Nacht, nur nicht zu vergeuden: Unabhängig von jeder Zeit, zu fliegen, gleichgültig, ob man das Land unter sich sieht oder nicht.

Es ist nicht Sport, der dazu antreibt, bei Nacht zu fliegen, vielmehr zwingt das Überwinden großer Distanzen, den Nachtflug in den Dienst des Verkehrs zu stellen. Die Jahreszeiten, der Winter, der Herbst schon und der Frühling machen es erforderlich, auch nach Einbruch der Dunkelheit zu fliegen. Wir wollen nicht mehr den Tag der Reise opfern, er gehört der Arbeit.

Deutschland ging, was den Nachtflug anbelangt, allen europäischen Ländern voran: 1924 ward die Strecke Berlin – Warnemünde – Stockholm in den Dienst der Nachtpost gestellt, Berlin – Kopenhagen und Berlin – Hamburg folgten. 1926 beflog man die Strecke Berlin – Königsberg als Mittelglied der Luftverkehrslinie London – Moskau zum ersten Male nachts auch mit Passagieren. Im Laufe der letzten Jahre ging man daran, Flughäfen, Strecken und die Flugzeuge selbst für den Nachtdienst auszubauen. Man führte Lichtsignale ein, versah die Windrichtungsanzeiger, die Einfassung der Landungsstellen mit weithin leuchtenden Scheinwerfern, grün und weiß und rot. Ja, man schreckte sogar nicht davor zurück, die verringerte Sicht gegenüber dem Tag durch den Bau einer Lichtstraße womöglich völlig auszugleichen: alle 30 Kilometer stellte man einen starkkerzigen Drehlichtscheinwerfer auf. Dazwischen alle fünf Kilometer auffallende Neonlampen. Diese Leuchttürme werden Nacht für Nacht bedient, sie alle zeigen Notlandeplätze an. Doch daran muß nicht gleich gedacht werden, ein sorgsam ausgearbeitetes System von Signalen, die Verwendung der Funktelegraphie, Landescheinwerfer und Magnesiumlichter an den Tragflächen der Apparate gewährleisten die gleiche Sicherheit wie bei Tage. Die Piloten sind durchweg erfahrene, erprobte Führer, und es gilt als besondere Auszeichnung, als Nachtpilot verwendet zu werden.

Direktor Milch, der diese Ausführungen gestern bei der Besichtigung der Nachtbeleuchtung des Tempelhofer Flugfeldes machte, meinte zum Schluß: Die allgemeine Durchführung des Flugverkehrs auf allen Strecken bei Tag wie bei Nacht, sei eine der wichtigsten Aufgaben der internationalen Luftschiffahrt. In absehbarer Zeit werden wir unabhängig von Tageszeit und Wetterlage alle Strecken spielend leicht bewältigen.

Schon heute ist die Strecke Berlin – Hannover neben der Berlin – Königsberg fertiggestellt. Berlin – Köln, Berlin – Halle – München und Berlin – Breslau befinden sich im Ausbau, und im Frühjahr bereits sollen mit Hilfe neuer Junkersmaschinen alle deutschen Strecken auch im Nachtverkehr von der Lufthansa beflogen werden.

Wie eine riesige Fledermaus glitt das Flugzeug über Berlin, man erkannte deutlich die Straßen und Plätze der Stadt, man wunderte sich, die gewaltige Distanz vom Funkturm bis zum Rummelsburger Großkraftwerk mit einem Blick fassen zu können. Noch dachte man daran, den Kurfürstendamm entlangzufliegen, eine Kurve nur, schon rollte das Flugzeug über den Tempelhofer Rasen, Sekunden zuvor blendeten die

Millionenlichter von unten herauf, jetzt lag nur mehr Nacht um uns, der Flugbahnhof, der von oben wie ein Zündholz schien, wuchs empor, einem Wolkenkratzer gleich.

Durst-Konjunktur

Was in diesen Tagen getrunken wird

Eigentlich ist rein wörtlich genommen der Satz vom Hunger und von der Liebe, die das Getriebe erhalten, unrichtig. Die elementarsten Faktoren sollen genannt werden. Aber Durst ist elementarer, gewaltiger, unmittelbarer noch als Hunger. Es gibt Menschen, die 14 Tage bis sechs Wochen hungern können. Dursten jedoch können sie höchstens 48 Stunden.

Hunger, das ist ein wütendes Brennen erst, dann eine Schwäche. Die Spannung auf Befriedigung läßt nach. Man sagt: überhungert. Durst, das ist ein immer tieferes, inneres Sichöffnen des erwartenden Leibes. Der Augenblick wird ersehnt, in dem Überfülle des ersehnten Getränks sturzartig einströmt in die Trockenheit des Leibes.

Seit Tagen träumt Berlin vom Durstlöschen. Unmittelbar: von Wasser, Soda, Bier und Eis. Mittelbar (aus dem Durst der Haut heraus): von Bädern, Schneebergen, Wind auf einem Segelboot.

Die Hitze macht das vitalste Geheimnis des Körpers offenbar: wir verbrennen. Die Sonne, die uns leben läßt, steigert ihre Intensität: das Leben, in dieser Form Schweiß genannt, bricht aus. Wir geben es an die Atmosphäre ab, wir müssen uns zersetzen. Nach Joseph Löbl beträgt die Schweißabgabe selbst schon bei mäßiger Temperatur pro Tag $^3/_4$ Liter. Andere Ziffern, die er nennt: Ritt durch süd-kalifornische Ebene bei 75 Grad ergab 10 Liter Schweißverlust, angestrengtes

Fußballspiel in 70 Minuten 14 Pfund, Marathonlauf in 3 Stunden 8 ½ Pfund.

Wie sehr also könnten theoretisch die Berliner jetzt gratis abnehmen! Aber sie trinken, was der Körper hält. Das wärmewertige Bier am allerwenigsten. Die Steigerung des Konsums ist gering, jeder weiß, daß Hitze die Schwächungswirkung des Bieres mehrt. Es sei erinnert an den Versuch der Besteigung des Bilkegrats. Man stieg von 1500 Meter bis 2446 Meter, zweimal unter gleichen Bedingungen. Nur einmal nach Genuß von 35 ccm Alkohol. Resultat: ein Fünftel mehr Zeit = ein Siebentel größerer Energieverbrauch. Solche Erkenntnis, ins Allgemeine gewandt, ließ den Bierkonsum in Deutschland, wo er 1913 pro Kopf und Woche für jeden Menschen über 15 Jahre drei Liter betrug, 1927 schon auf zwei Liter sinken.

So melden die großen Restaurants sogar Rückgang des Bierkonsums in diesen Tagen, Ausgleich im Getränkekonsum durch vermehrte Selters- und Brauselieferung, dieweil mit Milch gegenwärtig natürlich keine guten Geschäfte zu machen sind. Dafür finden an der Bar alle Tee-Drinks Absatz wie noch nie.

Am meisten profitieren von der Hitze verhältnismäßig die kleinen und die fliegenden Gaststätten sowie die Bahnhofrestaurants. Man löscht eben den Durst bei Gelegenheit, bereitet sich nicht, wie zum Essen, darauf vor. Die relativ höchste Umsatzsteigerung zeigen die Eiskonditoreien und Eiswagen. Größere Ausflugslokale haben am Sonntag zwischen 4000 und 5000 Speise-Eis-Portionen, kleine Wagen, bei mehrmaligem Auffüllen ihrer Vorräte, bis zum Fünffachen des gewöhnlichen Umsatzes verkauft. Und alle

Speisewagen kennen an der Zielstation nur noch das Wort: »Getränke ausverkauft.«

Eines Tages aber wird dies Unvorstellbare wieder geschehen: man wird fröstelnd durch die Straßen gehen, eine Winterbrise wird an einer Ladentür ein vergessenes Schild »Eiskaffee« schaukeln, und man wird schon beim Anblick dieses Wortes die Hände tiefer in die Taschen bohren.

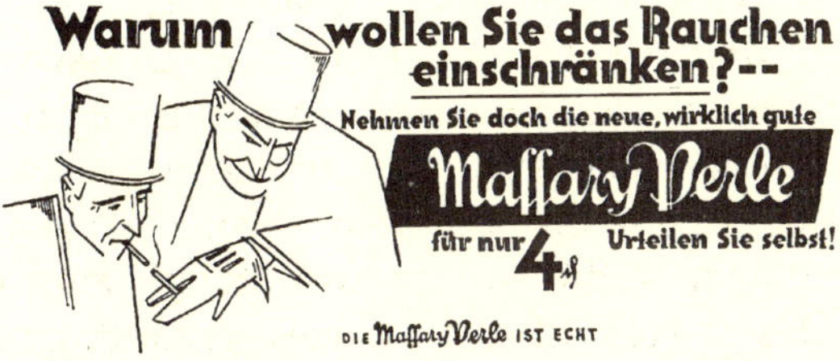

Wir Berliner sind neugierig!

Und wollen diese Fragen beantwortet haben

Was wird aus der Bauausstellung?

Ihre Geschichte wird noch vielen erinnerlich sein. Sie sollte, wie alles in Berlin, das größte internationale Unternehmen werden, das es in ihrer Art gibt. Von Geld war dabei überhaupt nie die Rede. Die Häupter von Berlin hatten da ohne weiteres Zuschüsse von 50 Millionen Mark und so in Aussicht gestellt. Die Architektenschaft schwamm in Jubel und Zahlen, und zunächst war nur ein Streit unter den einzelnen Gruppen, damit sich jeder bei dieser großen Angelegenheit auszeichnen konnte. Dieser Streit scheint sich in Frieden geklärt zu haben, ein ausgezeichneter Entwurf für das Grundprojekt, von Stadtbaurat Wagner und Poelzig, scheint trotz der heimlichen Nebenregierung allgemein anerkannt zu sein, die wir in baukünstlerischen Fragen immer noch in Berlin haben.

Und nun stellt es sich mit einem Male heraus: *Wer wird die Sache bezahlen?* Keiner will es gewesen sein, und keiner will es tun. Jeder weist mit einer Verbeugung auf den Nebenmann. Und keiner begreift, wie kompromittierend es für Berlin ist, diese Grundfrage nicht geregelt zu haben, ehe man die ganze Welt mit seinem Projekt rebellisch machte.

Was wird aus dem Potsdamer Platz?

Über die Notwendigkeit seiner Umgestaltung sind sich alle schon so lange einig, daß man von einer beschlossenen Sache reden kann. Ja, wir glauben zu wissen, daß diese Sache schon weit über ihre Vorbesprechungen und Pläne hinaus beschlossen ist, ohne daß wir Berliner etwas davon wissen oder am Ende gar um unsere Meinung darüber befragt werden. Und wir interessieren uns doch für den Potsdamer Platz, er hat nun einmal eine gewisse Bedeutung für Berlin.

Was ist bei all den Projekten herausgekommen? Welche Termine sind in Aussicht genommen? Wie wird sich die Angelegenheit der Fahrstraßen regeln? Hochhaus oder nicht?

Und wer ist der Architekt, an den diese für das Stadtbild Berlins entscheidende Aufgabe bereits in aller Stille vergeben ist? Oder sollte sie noch nicht vergeben sein?

Was wird aus dem Bülowplatz?

Lange genug steht jetzt hier der riesige Block der Volksbühne inmitten eines halbwüsten Geländes. Der Magistrat hat die Notwendigkeit einer durchgreifenden Neugestaltung des Platzes anerkannt. Der Entwurf hierzu von Poelzig scheint als grundlegend betrachtet zu werden. Er hat zweifellos sehr große Verdienste. Ob und wann er nun zur Ausführung kommt? Oder soll die Steinwüste noch ewig so bleiben wie jetzt?

Und wird nun Kolbes großartiger Beethoven vor dem Theater zur Aufstellung gelangen und endlich einmal dem hier so benachteiligten Berlin ein künstlerisches Monument hohen Ranges schenken? Oder soll etwa wieder vor dem Theater eines jener genügend bekannten Brünnlein fließen, die im Mißverhältnis zu Platz und Bau stehen?

Was wird aus dem Kunstausstellungsgebäude?

Das unglückliche Projekt am Zoologischen Garten scheint endgültig erledigt zu sein. Wie wir hören, hat sich die Direktion in der Generalversammlung heftige Vorwürfe wegen ihrer Unvorsichtigkeit gefallen lassen müssen, infolge deren sie die Öffentlichkeit noch in letzter Stunde unterrichtete, ehe nichts mehr dagegen zu machen war. Auch vom Tattersall am Brandenburger Tor wissen die Sänger nicht mehr viel zu berichten. Um das Funkprojekt ist es still geworden. Was wird nun? Wird überhaupt etwas?

Oder soll der Glaskasten am Lehrter Bahnhof, diese Unmöglichkeit aller Unmöglichkeiten, noch weiterhin die Vitrine für 5000 Bilder und Kunstwerke bleiben?

Was wird aus dem neuen Berliner Museum?

Das alte Berliner Haus in der Breiten Straße, von der Stadt gehörig und lange vernachlässigt, war ursprünglich als eine Berliner Gemäldegalerie gedacht, in der die Stadt ihren vielverstreuten Kunstbesitz sammeln wollte. Als Herr Oberbürgermeister Vöß, damals wohl noch über unseren entsetzlichen Charakter im Unklaren, uns diese seine Pläne in einer besonderen Konferenz mitteilte, hat er zu seiner Überraschung nichts als Widerspruch gefunden. Das scheint ihn abgeschreckt zu haben.

Nun wird offiziell mitgeteilt, daß hier ein neues Museum für Innenräume in allernächster Zeit werden soll. Wir wüßten gerne, was für ein Museum. Wird es dem Märkischen Museum beigeordnet sein? Wird es einen neuen Direktor haben und wen? Wo sollen die Innenräume herkommen, die man hier ausstellen will?

Und sollen in diesen Innenräumen nun tatsächlich die Bilder der städtischen Sammlungen hängen, von denen gut 90 Prozent nicht museumsreif sind?

Was wird aus unserem alten Museum?

Alle Leser werden sich noch an den berühmten Museumskrieg erinnern, der nicht weniger ingrimmig tobte, als der Streit um Troja. Wie nach Erbkines prächtigem Buch damals Helena, so scheinen auch diesmal diejenigen recht zu behalten, nach deren Weltanschauung die Entscheidungen doch immer anders kommen, als man sie zu bestimmen sucht. Die damals gestellten einzelnen Termine sind heute zum Teil schon lange verstrichen, selbst aus den Kompromissen scheint nichts geworden zu sein. Und es ist darum nicht unberechtigt, wenn man wieder ein bescheidenes Interesse für Dinge zeigt, die uns doch alle allgemein angehen.

Konflikt: City-Ausschuss, Regierung und Berlin

Studienreise nach Paris und London vereitelt. Ministerpräsident und Oberbürgermeister verbieten Beteiligung von Beamten

Im City-Ausschuß herrscht gegenwärtig eine gewisse Verstimmung, die auf die Ablehnung der Beteiligung von Regierungs- und Magistratsvertretern an einer Studienreise nach Paris und London zurückzuführen ist, für die schon alle Vorbereitungen getroffen waren.

Der City-Ausschuß, dem namhafte Persönlichkeiten aus Industrie und Handel sowie alle bedeutenden kaufmännischen Organisationen Berlins angehören und in dem auch die Stadt durch Mitglieder des Magistrats und der Stadtverordneten-Versammlung vertreten ist, beschloß vor längerer Zeit, eine Kommission nach Paris und London zu senden, der es obliegen sollte, die Innenstadtteile dieser Weltstädte, ihre Einrichtungen und Verkehrsverhältnisse und den Aufbau ihres Geschäftslebens kennenzulernen, um gegebenenfalls Nutzanwendungen für die Modernisierung der Berliner City ziehen zu können.

Die Vorbereitungen für eine solche Reise wurden sofort getroffen. Es wurde auch mit den Behörden von Paris und London über den Empfang dieser Kommission verhandelt, der man ein gewisses amtliches Gepräge durch die Zuziehung von sieben Vertretern der für den Fragenkomplex des City-Ausschuß besonders in Betracht kommenden Ministerien und Vertretern des Berliner Magistrats geben wollte.

Die Herren vom City-Ausschuß, dessen Führung mit den Behörden die besten Beziehungen unterhält, hatten ihre Koffer schon gepackt, als sie, wie durch einen Blitz aus heiterem Himmel, durch die Mitteilung des Magistrats überrascht wurden, die Stadt werde keine Vertreter entsenden. Es liege ein Magistratsbeschluß vor, daß Reisen seiner Mitglieder und Reisen von Vertretern städtischer Werke und Betriebe auf das Allernotwendigste einzuschränken sind. Die Verhältnisse und Einrichtungen in der City von London und Paris seien allen in Betracht kommenden Personen durch frühere Reisen bekannt und erneute Ausgaben dafür nicht zu rechtfertigen.

Die eingeladenen Vertreter der preußischen Ministerien hatten sich ebenfalls für die Reise nach Paris und London schon eingerichtet, als am vergangenen Dienstag eine Anordnung des preußischen Ministerpräsidenten Braun erging, von einer Beteiligung an dieser Reise sei Abstand zu nehmen.

Der City-Ausschuß ist durch diese Beschlüsse in eine unangenehme Situation geraten. Während die Behörden-Vertreter sich auf den Standpunkt stellen, der Ausschuß hätte seine Dispositionen erst nach ihrer Zustimmung zu der Reise treffen müssen, meinen die Herren vom City-Ausschuß, auf Grund privater Besprechungen zu der Annahme berechtigt gewesen zu sein, daß die Behörden mitmachen würden.

Gesprächsweise ist der Verdacht geäußert worden, daß Oberbürgermeister Böß auf den Ministerpräsidenten in dem Sinne der Nichtbeteiligung an der Reise eingewirkt habe. Der Oberbürgermeister erklärt uns, daß eine solche Behauptung glatt aus der Luft gegriffen sei.

Berlin im Matsch

Vollkommenes Versagen der Straßenreinigung –
Die Nachtarbeit ist zu teuer –
300 Schneepflüge im Schuppen

Der Schneefall, der gestern abend begann, hat Berlin wieder einmal in Matsch gesetzt. Der Schmutz auf den Straßen gefährdet den Automobilverkehr, hat Verkehrsstockungen zur Folge und spritzt den Fußgängern um die Ohren. Die Berliner Straßenreinigung hat vollkommen versagt.

Das kann nur am System liegen. Vor dem Kriege erschienen nach Mitternacht die mit Pferden bespannten Reinigungsmaschinen und Schneepflüge auf den Straßen. Es ging zwar langsam vorwärts, die alten Leute auf dem Kutschbock hatten gute Weile, aber am Morgen waren die Straßen rein, Berlin war die sauberste Stadt der Welt.

Heute stehen die 300 Schneepflüge der Straßenreinigung des Nachts wohlaufbewahrt in den Schuppen der Depots. Wie das Wetter auch ist, vor sechs Uhr früh sieht man sie nicht in Betrieb. Dann aber liegt Berlin im Schmutz. Mehr als je erfordert der moderne Verkehr eine geordnete, sich ihm anpassende Straßenreinigung, aber die Nachtarbeit ist zu teuer, der Tarif zu hoch. Die Folge ist, den erhöhten Lohn erhält niemand, und da ältere Leute, die sich leicht auf einige Stunden Nachtarbeit zu Löhnen, die nicht niedrig zu sein brauchen, einstellen würden, nicht beschäftigt werden dürfen, liegt Berlin morgens im Schmutz.

Aus allen Teilen der Stadt kommen dann die Klagen. Die Siedlung Tempelhof-Ost war heute früh vom Straßenbahnverkehr *vollständig* abgeschlossen. Die Linie 6 stellte vorübergehend den Verkehr ganz ein, die Wagen der Linie 15 kamen schließlich in langer Reihe hintereinander gefahren. In den anderen Außenbezirken war es ähnlich. Lastfuhrwerke blieben auf der Straße liegen, unterbanden den übrigen Verkehr, und Arbeiter sowie Angestellte kamen zu spät in den Dienst, weil es über Nacht ein paar Stunden geschneit hatte.

Die Straßenreinigung hatte am Vormittag vollständig zu tun, um die Hauptverkehrsstraßen leidlich in Ordnung zu bringen. Das ist ein für Berlin geradezu lächerlicher Zustand.

Besondere Strassenbahndämme – eine Verschwendung

Gegen die Uniformierung der Straßen

Im Rathause fand gestern abend eine kommunalpolitische Konferenz der Berliner demokratischen Stadtverordneten und der Mitglieder der Bezirksvertreter statt, die sich mit der Festsetzung des neuen Etats der Stadt befaßte.

Bei dieser Gelegenheit gingen mehrere Redner auch auf die Anlage besonderer erhöhter und durch Gitter sowie Hecken abgeschlossener Dammstreifen für die Straßenbahn ein. Einmütig wurde der Meinung Ausdruck gegeben, daß diese besonderen Gleiskörper eine Behinderung des allgemeinen Verkehrs darstelle und außerdem für den Straßenbahnverkehr überflüssig sei.

Entschieden protestiert wurde gegen die Anlage eines besonderen Straßenbahndamms in der Friedrich-Ebert- und Potsdamer Straße. Es würde unerhört sein, wollte man den Gleiskörper der Straßenbahn nur auch im unteren Teil der Potsdamer Straße und weiter über Schöneberg bis Steglitz absondern. Es handle sich hierbei um den Plan einer städtischen Verwaltungsstelle, dessen Ausführung die Stadt viel Geld kosten würde.

Von anderen Rednern wurde betont, daß man jetzt nahezu drei Millionen Mark für die Beseitigung der Mittelpromenade in der Yorck- und Gneisenaustraße ausgeben wolle, wo die Straßenbahngleise noch beide auf der einen Seite der Promenade liegen. Würde man sich damit begnügen, das eine Gleis nach der anderen Seite der Straße zu verlegen, dann könnten hier mindestens 1,5 Millionen erspart werden. Die beabsichtigte Uniformierung der Straßen sei ein Unfug.

Der in dieser Angelegenheit interpellierte, anwesende Stadtkämmerer Lange nahm zu der Frage selber nicht Stellung, erklärte aber, daß die Neueinteilung der Straßendämme viel Geld koste und in Straßen vermieden werden sollte, deren Pflaster noch gut sei.

Es ist erfreulich, daß die demokratischen Gemeindevertreter den Unfug der Erschwerung des Verkehrs durch die Abriegelung von Straßenteilen für die Straßenbahn einmal zur Sprache gebracht haben. Hoffentlich werden sich auch andere Fraktionen im Rathause dagegen zur Wehr setzten.

Wir vom Filmstudio 1929

Dr. Moritz Seeler hat, wie bekannt ist, ein Filmstudio gegründet. Am Anfang war galoppierende Begeisterung. Dann kam das Kopfschütteln von der anderen Seite. Die Herren von der Friedrichstraße lachten sich tot und legten die Finger auf ihre Halsschlagader: »Wenn wir für ihre Sache einen Geldgeber finden, dann lassen wir uns hier einen Regenschirm hereinstechen!« – Nun, wir sind gestartet, haben glücklich das Geld bekommen und drehen seit 10 Tagen an unserer verrückten Sache.

Im Fiebertempo arbeiten wir drauf los. Haben uns von einem Bäcker in Nikolassee einen wackeligen Karren ausgeliehen und schleifen darauf die Apparate durch den Sandstrand. Stehen vierzehn Stunden an der Kamera und packen alle ordentlich an. Halten uns selbst die Blenden, knien den ganzen Tag im See, und wenn uns der Hitzschlag droht, dann stecken wir eben die Köpfe ins Wasser. Ich glaube nicht, daß die Chang- oder die Pamir-Expedition mehr Willenskraft und mehr Entbehrungen gekostet hat. Mein Gott, so primitive Mittel stehen uns zur Verfügung. Während sie ein paar Kilometer weiter, auf dem Neubabelsberger Gelände, vielleicht gerade die Monumentalbauten zu Nina Petrownas wunderbaren Lügen zusammenreißen, sind wir dabei, mit einer ganz lächerlichen Geldsumme ein paar Wahrheiten zu drehen, die uns wichtig scheinen.

Auf der Suche nach dem Titel schwankten wir lange zwischen »Sommer 29« und »Junge Leute wie alle«. In diesem Dilemma entschieden wir uns für »So ist es und nicht anders«, weil dieser Titel eindeutig das sagt, was wir wollen: es ist alles so ganz anders, als wir es im Film zu sehen bekommen; so unkomplizierter, so weniger kombiniert, so weniger Drama und so weniger Papier! Dem Drehbuch, das ich skizziert habe, liegt eine Reportage zugrunde: Wir gingen einen Sonnabend und einen Sonntag lang fünf x-beliebigen jungen Menschen nach und sahen uns einmal an, wie sie ihr »Weekend« verlebten. Was dabei herauskam, das ist der Film. Eine ganz, ganz einfache Geschichte, leise und doch voller Melodien, die uns allen täglich im Ohr klingen. Ohne Gags und ohne ausgetüftelte Pointen. Selbst auf die Gefahr hin, »von dramatischen Gesetzen keinen Dunst zu haben«. Die fünf Leute in diesem Film: das bist du und das bin ich. Gott strafe uns, aber unser Kellner ist eben ein braver Junge, der in Neukölln wohnt und die 10 Prozent in Karten verspielt, er ist nicht etwa ein gewesener zaristischer Leutnant, durch der Welten Lauf so furchtbar heruntergekommen, Smirnoff mit Namen und obendrein noch der Lebensretter von Anastasia. Gott strafe uns, aber unsere Heldin tippt Schreibmaschine und besitzt gar keinen rosa Diwan, auf dem sie den Herren Generälen, täuschend maskierte Spionin, die sie ist, die Fortifikationspläne von Przemisl entlocken kann. O ja, die starke Handlung fehlt uns, der handfeste Konflikt und weiß der Teufel, was noch alles. Wir wollen es auch hoffen. Kilometerweise haben wir alle ausgetretenen Wege umgangen, auf einem schmalen und ganz unbenutzten, schrecklich einsamen Pfad: »das Leben« stand auf der Richtungstafel.

Rochus Gliese, der langjährige Mitarbeiter Murnaus, führt die Regie. Moritz Seeler, der ewig suchende und experimentierende, hält alle Fäden zusammen. Robert Siodmak und Edgar Ulmer, zwei neue Namen für Berlin, stehen mit dem Operateur Schüfftan an der Kamera: sie kommen, gottlob, weder von der Industrie noch aus der Literatur. Ebensowenig, wie die fünf Schauspieler Schauspieler sind. Die Personen der Reportage haben wir mit Leuten aus derselben Klasse, aus demselben Beruf besetzt. Ja, eine Figur spielt sogar sich selbst. Spielt? Man muß die fünf jungen Leute gesehen haben, wie sie sich bewegen, wie sie ins Objektiv sehen, wie sie sich schneuzen und wie sie lachen: wir tauschten sie nicht gegen eine Bombenbesetzung …

Vier Wochen noch. Ohne Atelier und die Mittel der Großen. Aber mit einer Idee, die, so glauben wir, wertvoll ist. Am Schluß des Films haben wir eine ganz kurze Szene, die vielleicht alles am deutlichsten sagt: unsere Jungens stehen nach dem Sonnabend und nach dem Sonntag ganz zufällig und ohne es zu sehen vor einem Vorstadtkino. Hinter ihnen schreit ein Plakat: »Wochenendzauber«. Und das ist die Distanz, die wir zeigen wollen. Zwischen dem Weekend-Film da drinnen und dem Sonntag, den unsere fünf Leute wirklich erlebt haben.

Na, wir wollen die Daumen drücken. Um einer guten Sache willen.

Wie wir unseren Studio-Film drehten

Billy Wilder hat das Drehbuch zu dem Film »Menschen am Sonntag« geschrieben, der im Ufa-Theater am Kurfürstendamm gezeigt wird. Er berichtet hier, wie dieser Film entstand, – ohne Geld, ohne Atelier, ohne »Fachleute«, ohne eine richtige Organisation. Und wie dieser Film doch ein Erfolg wurde.

Wir sitzen da und zwicken uns ins Bein. 8 mal 7 ist 56. Kopenhagen ist die Hauptstadt von Dänemark. Nein, wir schlafen nicht. Es ist also wahr. Man sagt uns: Erfolg. Man sagt uns sogar: großer Erfolg. Wir sind sehr glücklich.

Neun Monate haben wir an unserem Film gearbeitet. Es war eine miese Zeit. Es war eine schöne Zeit.

»Die Sache muß sich machen lassen!«

Ein kleiner Mann springt besessen auf und schlägt auf die Marmorplatte. Seine Brille und die Limonadengläser zittern. Moritz Seeler.

Wir sind fünf.

Ein Herr Eugen Schüfftan, Erfinder irgendeines weltberühmten Filmtricks, den ich bis heute nicht verstehe, blickt ihn mit halboffenem Mund an: »Ohne Geld?«

»Ohne Geld!«

Dem Dritten, Robert Siodmak, aus Dresden (zuerst Zeitung, dann Theater, dann Filmverleih) fällt es schwer, nicht aufzulachen: »Ohne Atelier?«

»Ohne Atelier!«

»So ins Blitzblaue hinein?« Es fragt Edgar Ulmer, 23 Jahre, vor einem halben Jahr aus Hollywood eingewandert. War als Architekt bei Murnaus »Sonnenaufgang« dabei.

»So ins Blitzblaue hinein!«

Der fünfte bin ich, Billy Wilder: »Dann wären wir also gegründet?«

»Jawohl!, gegründet. Ins Blitzblaue hinein. Ohne Atelier. Ohne Geld.«

Es entsteht das Filmstudio. An einem Kaffeehaustisch. Im Juni 1929.

Eine Kamera haben wir. Das ist vorläufig alles.

Was wollen wir mit ihr drehen? Hundert Ideen, hundert Vorschläge. Es kommt zu den ersten Ohrfeigenszenen. Wir fühlen, daß wir uns verstehen. Und plötzlich ist das richtige da: es muß ein ganz einfacher Reportagefilm werden. Ein Film von Berlin, von seinen Menschen, von den täglichen Dingen, die wir so gut kennen. Zuerst denken wir an junge Schauspieler. Aber die Menschen müssen echt sein. Wir suchen. Seeler entdeckt vor einer Kurfürstendamm-Bar einen Chauffeur, Taxe IA 10 068, Erwin Splettstößer. Er ist sofort dabei. Fräulein Borchert aber glaubt, daß wir ganz etwas anderes meinen. Sie verkauft Grammophonplatten. Es kostet viel Mühe, sie zu überreden. Ihre Familie hält uns für Mädchenhändler. Es kommt trotzdem zur Probeaufnahme, am Thielplatz. Auch Christl Ehlers kommt, sie hat schon Erfahrung, hat schon einmal bei Dupont Komparserie gemacht und gibt uns das Ehrenwort, daß sie mit dem Aufnahmeleiter von Lapa Pick per du ist. Ein von Walterhausen läuft uns in die Arme, er ist gerade das, wir wir brauchen.

Unterdessen wird das Drehbuch skizziert. Sieben

Schreibmaschinenseiten. Wir finden den Trick: Berlin auf einen Sonntag zu konzentrieren.

Aber Geld, Geld! Wir haben kein Material.

Nach Wochen treiben wir einen Geldmenschen in der Friedrichstraße auf. Bluffen ihn mit Zahlen. Zu 3 Prozent glaubt er an unsere Fähigkeiten, zu 97 Prozent reizt ihn die Chance, einen unwahrscheinlich billigen Film unter der Hand zu bekommen. Wir stellen eine sinnlos niedrige Kalkulation auf. Erzählen ihm von Walzer und von einer Garde, die unbedingt fort muß. Schließlich haben wir den Coup gelandet, der Vertrag ist unterzeichnet. Die ersten 1000 Meter Material werden uns ausgehändigt. Es geht los.

Und wie es losgeht!

Die fünf Leute, die wir uns ausgesucht haben, kriegen Urlaub. Sie bekommen bei uns Dichten, 10 Mark am Tag, außerdem ersetzen wir ihnen den Lohnverlust. Monate, Monate. Im Wasser, in der Stadt. Jeden Tag gibt ein anderer auf, hält's nicht durch. Ohrfeigen und dann wieder Begeisterung, wenn wir die Aufnahmen in der Vorführung sehen.

Einen einzigen Tag sind wir im Atelier.

Das Wetter macht uns zu schaffen. Wir warten Wochen auf einen schönen Tag. Sind deprimiert. Wird das je was werden? Die »Schauspieler« werden ungeduldig. Der Geldmann wird ungeduldig. Er glaubt seine Moneten verloren.

Irgendwie werden wir doch fertig.

Kein Mensch glaubt mehr daran. In der Friedrichstraße haben sie etwas davon gehört, jetzt lachen sie uns aus. Wir sitzen still da und schneiden. 10.000 Meter haben wir verdreht. Weiß der Teufel, wo das Geld herkam.

Am 11. Dezember ist der Film fertig. Wir führen ihn den Herren einer der größten Filmgesellschaften vor. Man nimmt uns nicht ernst. Der Chef des Verleihs schwört, daß er nach dreißigjähriger Praxis seine Tätigkeit aufgeben wolle, wenn dieser Film je irgendwo zur Aufführung kommt, von einem Erfolg überhaupt nicht zu reden. Der »Pressechef« vermißt die »psychologische Vertiefung«. Bei drei anderen Firmen geht es uns genau so.

Ein neuer Geldgeber ist aufgetaucht. Er will uns vielleicht die Nachtvorstellung finanzieren. Wir führen den Film bei der Ufa vor. Brodnitz, der Direktor der Theaterabteilung, bekommt ihn zu sehen. Und nimmt ihn. Für den regulären Abendspielplan im U.T. Kurfürstendamm.

Wir sind platt. Die Premiere ist da.

Als wir uns um 9 verbeugen, wissen wir nicht, was los ist. Nimmt man uns ernst, lacht man uns aus? Auf jeden Fall ist uns zwischen 9 und 9 Uhr 13, inmitten von soviel Herzklopfen, ein Stoff für einen neuen Film eingefallen.

Bücher an den Mann bringen

Ein guter Bekannter hat sich neulich erschossen. Er war Reisender in Büchern. Seine Kollektion, er trug sie in einem kleinen Koffer aus Pappendeckel, bestand aus »ddei Abdeilunden«, wie er selbst, zu lebenslänglichem Schnupfen verurteilt, seinen Kunden durch die verstopfte Nase zu sagen pflegte. Diese drei Abteilungen waren: links »Kdiminaldomane«, in der Mitte »Polidik«, und rechts »Kdassisches«. Bis auf einen zerschundenen Band Altenberg, in dem die Seiten 8 bis 26 fehlten und den er nie loswerden konnte, wechselte seine Kollektion alle paar Wochen ihr Gesicht. Er machte gute Geschäfte. Mit einem Male heißt es jetzt, daß er sich erschossen hat. Und zwar, daß er sich aus Not erschossen hat.

Das kann ich nicht glauben. Zufällig trieb ich mich in der letzten Zeit viel in Buchhandlungen herum, weil es mich interessierte, wie die Leute Bücher kaufen und verkaufen, hauptsächlich aber, ob Bücher überhaupt gekauft werden. Ich sah gut hin und fragte auch die Herren ordentlich aus. Das Geschäft ist gut. Freilich, seit Weihnachten hat's ein wenig nachgelassen. Was aber wichtig ist: in Berlin, und ich darf verallgemeinern, in Deutschland werden Bücher gerade jetzt viel gekauft. Man kann sehr zufrieden sein.

Wenn sich also mein Bekannter erschossen hat, so wird das wohl nicht gewesen sein, weil etwa kein Mensch Geld für Bücher ausgibt. Ganz gewiß hat er sich nicht aus Hunger erschossen. Sondern ... Vor der Amélie haben wir ihn schließlich alle gewarnt, man kann uns keinen Vorwurf machen.

Ein Nachmittag in einer dieser herrlichen Buchhandlungen des Berliner Westens, in denen es besser riecht als bei Coty und Chanel, und die in der reizenden Disharmonie der bunten Bucheinbände fast so angenehm anzusehen sind wie talentiert geschminkte Frauen.

Eine Dame ist da und interessiert sich für Amerika-Literatur. Sie hat in Kansas einen jüngeren Bruder, Pfarrer, zu dem will sie. Das muß sich der Verkäufer anhören, muß höchst familiären Angelegenheiten sein Ohr leihen, bis er endlich einen broschierten Kisch, »Paradies Amerika«, loswird. Ein junges Ehepaar entschließt sich zu einem Vegesack, »Liebe am laufenden Band«. Des ehrwürdigen Felix Dahn »Kampf um Rom« wird zweibändig abgestaubt, ein Papa nimmt ihn mit, in der Nähe hat morgen wohl ein hoffnungsvoller Knabe zwölften Geburtstag. Ein Mann, der nichts von einem Dozenten an sich hat, besteht gleichwohl auf der neuen Propyläen-Weltgeschichte, die frisch nach Kunstdruck duftet.

Einen Herrn, der hier verkauft, zieht man ins Gespräch. Was denn ginge, was nicht. Was in den Regalen verschimmelt und was man einem aus den Händen reißt, warmen Schrippen gleich. Wie man den Käufer berät, wie man ihm ein zweites, ein drittes Buch anhängt. Und so weiter.

Also der Käufer, der bessere zumal, hat heute eine durchaus feine Nase für gute Bücher, meint der Herr hinter dem Pult. Der Käufer beginnt sich langsam schon für die Verlage zu interessieren, daraus schließt er auf die Qualität des Buches: aha, S. Fischer, das wird doch kein Mist sein! Er läßt sich durch die Besprechungen in den Zeitungen beraten. Bauchbinden mit Sätzen bedeutender Zeitgenossen nimmt er sich hin und wieder auch zu Herzen, wenn diese Sätze nicht allzu aufdringlich nach Reklame schmecken. Er läßt die Auslagen nicht mehr unbeachtet, hat auch nichts dagegen, wenn man ihm alle Monate einen Katalog der Neuerscheinungen ins Haus schickt.

Der Preis des Buches ist gar nicht das Wichtigste. In Frankreich fliegen sie auf billige Bücher. Kann gedruckt sein auf einem Papier, so dick und hart, daß man einen mit so einem halben Blatt erschlagen kann. Oder auf sanitärem Papier. Das ist denen egal. Nur billig, billig, billig soll es sein. Ein Deutscher kauft sich ein Buch mit dem gleichen Ernst, mit dem er sich etwa ein Hemd kauft. Dauerhaft, darauf kommt es ihm an. Er denkt nicht daran, es in der Eisenbahn liegen zu lassen oder es in die Ecke zu werfen wie eine Zeitung von gestern. Es muß von »bleibendem Wert« sein. Ein Möbelstück. Noch dazu ein prunkvolles. In Deutschland machen sie viel geschmackvollere Bücher als zum Beispiel Hemden. Man vergleiche nur das Schaufenster einer Buchhandlung mit dem eines Ladens, in dem wollene Wäsche geführt wird.

Trotzkis Memoiren, Stefan Zweigs »Fouché«, Döblins »Alexanderplatz« sind eben die Bücher des Tages.

Während meiner halben Stunde Beobachtungen geht der Trotzki dreimal, Fouché einmal und Döblins

»Alexanderplatz« sogar viermal. Die Nachmittagspost, die eben eintrudelt, bringt noch dazu zwei briefliche Bestellungen auf Döblins berlinisches Buch: eine aus München und eine aus Riga. Memoiren, Biographien stehen hoch im Kurs. R. Oldens »Stresemann«, Seeckts »Zukunft des Reiches«, Fülöp-Millers »Jesuiten« notieren ausgezeichnet. An Romanen kommt knapp hinter Döblin der neue Leonhard Frank »Bruder und Schwester«. Viel gefragt ist auch Sarah Levys »O mon Goye!«, wozu sicher nicht wenig der freche Titel beiträgt. An Zeitdokumenten starten Theodor Pilviers »Des Kaiser Kulis« und Beumelburgs »Sperrfeuer um Deutschland« mit ausgezeichneten Chancen. Der letzte London, »Mondtal«, kann sich nicht beklagen. Berndorffs »Spionage« kommt bald ins vierzigste Tausend.

In Kriminalromanen ist leichte Stagnation. Der Erfolg überspannter Massenproduktionen ist sehr fraglich geworden.

Großartig gehen hingegen seit Eippers »Tiere sehen Dich an!« die illustrierten Tierbücher. Bengt Berg zum Beispiel. Und die schönen Reisebücher. Plüschow. Filchner.

Das ist kurz die Situation, wie man sie an einem Nachmittag in einem Berliner Buchladen übersehen kann.

Was aber das »Anhängen« eines Buches anbelangt, so wollen die Herren hier nichts davon wissen. Wir drängen dem Kunden nichts auf. Wir nicht. Wir beraten ihn. Wir legen ihm schüchtern Bücher vor, die ihn interessieren könnten. Wir lassen ihn darin blättern, so lange er Lust hat. Wir vergessen nicht, einen Kunden, der etwa Remarque gekauft hat, auch auf Renn, auf

Gläser hinzuweisen. Aber wir hängen ihm nichts an. Wenn nur der Laden appetitlich aussieht, dann nimmt er sich noch etwas mit, und ist's auch nur ein Reclam-Bändchen.

Die Methoden dieser Herren sind sehr lobenswert, das ist klar.

In Texas, sagen wir, wird es vielleicht Buchhandlungen geben, in denen es nicht so friedlich zugeht. Sowie ein Kunde den Laden betritt, wird die Türe von innen abgeschlossen, der Verkäufer steckt lächelnd den Schlüssel in die Hosentasche, und nun beginnt der Kauf. Der arme Herr, der das Geschäft betreten hat, um sich einen Fahrplan zu kaufen und so unvorsichtig war, das Maschinengewehr zu Hause zu lassen, wird kaum wieder lebend auf die Straße können, ohne 50 Bücher käuflich erstanden zu haben, die ihn die Bohne angehen oder interessieren.

Man stelle sich das bei uns vor. Daß man einen nicht eher aus dem Buchladen läßt, bevor er nicht ein paar Stratz und einen vollständigen Rudolf Herzog mitnimmt. Danke schön.

Wie ich Zaharoff anpumpte

Eigentlich wollte ich damals nach Helgoland, wollte am Strand sitzen und mit Muscheln spielen. Ich landete in Monte Carlo, saß im Kasino und spielte Roulette. Ich brannte danach, die Bank von Monte Carlo mit meinem so überaus todsicheren System zu sprengen.

Nun – es gelang mitnichten.

Nach zehn Tagen saß ich entsetzlich auf dem Trockenen. Was aber noch schlimmer war: als ich einmal nachts in mein Bett wollte, Hotel Savoy, Zimmer 37, da ließ man mich gar nicht mehr ins Haus. An der Riviera hat man einen unglaublich verläßlichen Röntgenblick, mitten durch die Brieftasche der unglücklichen Hasardeure. Drei Tage warten sie mit der Rechnung, dann sagen sie dem Gast ein paar charmante Höflichkeiten und knallen einen einfach auf die Straße hinaus.

In jener Nacht stand ich also schläfrig und frierend da, zehn letzte Francs in der Smokinghose.

Ich setzte mich auf eine Bank an der Promenade unten, zählte sämtliche Palmen, es waren 127, ich weiß es ganz genau. Dann spuckte ich noch dreimal ins Mittelländische Meer, was zusammen 130 machte. Schließlich betete ich halblaut zum lieben Gott, er möchte nie, nie wieder die Sonne aufgehen lassen. Nachts hatte mein Smoking nämlich noch einen gewissen Sinn. Aber bei Tag im Smoking – das ging denn doch nicht. Verzweifelt lief ich nach Monaco hinauf, zu dem sogenannten Selbstmörderfelsen, von dem aus schon so viele Systemspieler durch einen kleinen Sprung in den Abgrund einen Schlußpunkt hinter ihr verpatztes Leben gesetzt hatten. Unterwegs fiel mir ein, daß ich im Café de Paris einen Jazzspieler kannte. Ich wollte ihn anpumpen. Aber er konnte mir kein Geld geben. Was er mir lieh, war ein leerer Geigenkasten, und das war schon eine große Hilfe. Mein Smoking gewann mit einem Schlag an Daseinsberechtigung. In den folgenden zwei Tagen lief ich wie ein stellungsloser Violinvirtuose mit einem leeren Geigenkasten unter dem Arm und mit einem leeren Magen immerzu zwischen Monte Carlo und Nizza hin und her.

Zwei Tage schleppte ich mich so herum. Das Smokinghemd säuberte ich mit einem Radiergummi. Die dünnen Sohlen meiner Lackschuhe bekamen schon Löcher. Ich konnte gar nicht nachdenken, was ich anfangen sollte, mein leerer Magen lähmte mich vollends.

Es war zum Weinen. Ich stand mit meinem Violinkasten auf dem Bahnhof in Monte Carlo und wartete völlig grundlos auf den D-Zug aus Marseille. Vielleicht wollte ich mich im Unterbewußtsein vor die Lokomotive werfen. Ich blätterte in einem deutschen Buch, das in dem Zeitungskiosk zum Verkauf dalag. Das Buch hieß: »Wie sie reich und mächtig wurden.« Auf einmal entdeckte ich darin das Bild eines alten Herrn, mit weißem Spitzbart, in einem hochgeschlossenen grauen Mantel und mit einer Art Tropenhelm auf dem Kopf. Unter dem Bild stand: *Sir Basil Zaharoff.*

Was meine Knie zittern machte, war die unumstößliche Tatsache, daß ich diesen Herrn vom Sehen kannte. Dieser Mann also, den ich jeden Tag auf meinen Hungermärschen sah, dieser Mann, den ich für einen Leidensgenossen hielt, war der reichste Mann Europas und der Hauptaktionär des Kasinos da drüben: dieser Mann also lebte vielleicht im Augenblick von meinen 20.000 Francs, die ich irrtümlicherweise auf Pair statt auf Impair gesetzt hatte.

Als der Marseiller D-Zug einlief, da war ich schon fest entschlossen, ihn anzupumpen. Ich mußte ihn möglichst mit einer vierstelligen Summe aufs Kreuz schmeißen, wenn ich nicht elend verhungern wollte, das schwor ich mir.

Sir Basil Zaharoff ging jeden Morgen zwischen $^1/_2\,9$ und $^1/_2\,10$ in der Nähe des Kasinos spazieren, das wußte ich ganz genau. Er ging ein wenig unsicher und auf einen Stock gestützt, nach jedem zehnten Schritt setzte er sich auf eine Bank, um zu verschnaufen.

Meine Nerven waren irrsinnig gespannt, als ich mich am nächsten Morgen an ihn heranpirschte. Die Sohle an meinem rechten Lackschuh war gar nicht mehr vorhanden, ich ging schon auf der Socke. Mein Arm war so schwach, daß mir der leere Geigenkasten wie ein Lastauto vorkam. Mein Atem ging rasend schnell, meine weißen Lippen zitterten. Jetzt erblickte ich ihn, er kam sehr langsam auf die Bank zu, an der ich bebend stand. Sein grauer Mantel wehte gütig, sein grauer Hut, den er wie einen Tropenhelm trug, saß so tief in seinem Gesicht, daß nur der weiße Spitzbart hervorlugte.

Mein Gott, der reichste Mann Europas. Ich mußte mich an der Bank festhalten, sonst wäre ich vor Aufregung auf den Geigenkasten gefallen.

Auf Ehrenwort, wir saßen nebeneinander: Sir Basil

Zaharoff, der Milliardär, und ich, das Wrack ohne eine Centime. Ich zählte noch bis 25, ich faßte mir ein Herz und sagte heldenhaft: »Bonjour, Monsieur Zaharoff!« Er schielte zu mir herüber, zuerst sehr unfreundlich, dann nickte er aber. Eine Minute lang hörte ich meinem Herzen zu, wie es immer lauter schlug. Mit einem Male tippte Zaharoff mit seinem Spazierstock an meinen Geigenkasten und fing eine Unterhaltung über Violinvirtuosen an: über Kreisler, Hubermann und Kubelik. Rasend rasch arbeitete mein Hirn, ich suchte nach einem Übergang. Ich fand ihn nicht. Schon gar nicht, als Zaharoff mit einer gewissen Freude bemerkte, er fände es herrlich, daß ich Violine und nicht Roulette spielte. Dann erhob er sich wieder und schwankte der nächsten Bank zu. Ich sah ihm gelähmt nach, unfähig, ihm nachzulaufen, vor ihm in die Knie zu sinken und ihm zu sagen: Monsieur, ich verhungere!

Am Nachmittag verschaffte ich mir mit Hilfe meines leeren Geigenkastens ein Engagement als Jazzviolinist nach Venedig. Als es sich herausstellte, daß ich weder eine Geige hatte noch eine einzige Note lesen konnte, da war mir schon von einem Freund geholfen.

Fortschritt Schuhe
Hervorragende Qualitätsware
Stiller
das älteste Schuh Spezialgeschäft
Berlins
Alleinverkauf
Stiller

II.

Menschen am Sonntag

Portraits von großen und kleinen Leuten

Chaplin II. und die Andern in der Scala

Ein ausgezeichnetes Programm! Bunt, sprühend und mehr noch – neu!

Clowns: Da ist doch gleich Will *Cummin,* ein Prachtjunge, der den Regenschirm als Feuerzeug benutzt und den Hut auf der Zigarre spazieren führt; der mit zwölf Zylindern einen Jongleur verblüfft und so Rastelli parodiert; der aus einer armseligen Vase hektoliterweise Wasser gießt und zu alledem die süßeste aller dummen Mienen macht. – Und da ist noch Familie *Andren,* musikalische Genies, Varieté-Virtuosen ersten Ranges. Mit einem Kleinen, aus dessen Augen unendliche Melancholie flimmert und der auf den Zehenspitzen schleichend die »Träumerei« geigt.

Drei Bären und Okito: Ein grauer Bär läuft Rollschuh, damit fängt es an; dann steppt ein anderer und der dritte (Fräulein Ottilie aus Schöneberg, so nennt ihn Joseph *Breker,* der Dresseur) fährt Rad. Mit der Grazie und Leichtigkeit junger Mädchen. Ja, erst als die Kapelle einen wüsten Charleston jazzt, vergessen die Drei ihre ausgezeichnete Erziehung. Wie Irrsinnige zerren sie an den Ketten, mit Takt und Synkopen natürlich, so temperamentvoll aber, daß sie Mr. Brekers Adlatus' die Hose glatt in Stücke reißen. Und *Okito:* Ein Illusionist ohne Conférence, das ist schon ein Vorteil. Dabei ist der Chinese ein großer Könner, wie macht er das mit der goldenen Kugel und das mit den Gänsen? Sehenswert schon das volle Dutzend wundervoller Kimonos, die Okito mit dem Raffinement Pariser Mannequins vorführt.

Tanzattraktionen: Die, freilich, sind etwas schwach. Man hat schon weit besser modern tanzen gesehen, als es Laczi und Änni tun.

Chaplin II: Zwei Akrobaten, hübsche Kerle, und Charlie Rivel, das ist die Truppe. Dieser Rivel treibt bewußte Kopie. Aber sie kommt von innen und ist so stark, daß sie Berechtigung hat. (Gesetzliche Berechtigung auch schon deshalb: Chaplin, der Große, ist ebensowenig das Original, man sagt: Billy Hurrydale, ein englischer Tingeltangel-Schmierist). Rivel ist brillanter Beobachter, er kennt das Genie wie die Tasche seiner fadenscheinigen Hose. Diskret geht er daran, Chaplin ins Dreidimensionale zu transportieren – er trifft es überraschend gut. Erübrigt sich noch, seine Partner, die unzählige Salti drehen, voll zu loben.

Unwahrscheinliches: Einer, der aus 33 Millarden 262 Tausend 176 die Quadratwurzel zieht! Das Phänomen ist Emanuel *Steiner,* der spielend mit zwanzigstelligen Zahlen hantiert; wie sagt er selbst: der einzige Mensch der Welt, dem es selbst auf Millarden nicht ankommt. Dazu noch eine peinliche Kenntnis aller möglichen und unmöglichen Geschichtsdaten; so weiß er, daß Archimedes an einem Donnerstag zur Welt kam; und wieviel 766 zur vierten Potenz, dividiert durch 77 ergibt. (Ein rotbackiger Skeptiker neben mir grunzt immerfort: Kunststück, meine Passiven soll er ausrechnen!)

Einer mit Gasometer-Lungen! *Omikron* ist ein schmaler blonder Mann in violettem Dreß, wie eine Staubsauger-Reklame, so sieht er aus. Er schluckt Gas ein, soviel, daß mit diesem Quantum glatt ein paar

Menschen ins Jenseits hinüberbugsiert werden könnten. Mit diesem Gas beleuchtet er Lampen, erhitzt ein Plätteisen, kocht ein Setzei. Etwas bittrig wird einem dabei im Mund, aber man staunt über diesen Kerl, und wie!

Und einer, der durch das Nadelöhr geht! Martin *Sczeny,* Mexikaner, mit leiser ungarischer Betonung und einer Bärenbrust, muskelbepackt, von oben bis unten. Entfesselungskünstler, Ausbrecher-Matador. Zwanzig aus dem Publikum legen ihm eine Zwangsjacke über'n Kopf, wickeln ihn ein, wie ein Kind in Windeln. In einer Minute ist er frei. Läßt sich auf die Handflächen steigen und macht Purzelbäume, daß es in den Gelenken unheimlich knackt. Zum Schluß kriecht er durch einen Stahlring, so groß wie ein Suppenteller. Nimmt immer wieder Anlauf, die Damen stürmten aus dem Parkett, ruck, die Wirbelsäule biegt sich, noch und noch, fertig! Viel Mühe, viel Schweiß. Bravo!

Der Mann, der ähnlich sieht

Es nutzt Erwin gar nichts, daß ihm das Lexikon kraft seiner Eigenschaft als Individuum für einmalig und unwiederholbar erklärt. Die Mitwelt hält sich nicht daran. Die wissenschaftliche Definition mißachtend, verleiht sie ihm die zweifelhafte Befähigung zur Vervielfachung. Bequem wie der beamtete Menschenschilderer des Paßbüros verneint sie die Frage nach dem *»besonderen Kennzeichen«*, ignoriert all' die spezifischen Eigenarten seines Äußeren und entwürdigt ihn zur Schablone. Weil er ähnlich wie Herr Klappke mittelgroß und schwarzhaarig ist, nimmt sie ihn für Herrn Klappke. Weil er ähnlich wie Herr Rednitz vor den braunen Augen eine dunkle Hornbrille trägt, hält sie ihn für Herrn Rednitz. Erwin darf nicht Erwin sein. Das Schicksal hat ihn zum Opfer des unentwickelten physiognomischen Erinnerungsvermögens seiner Mitmenschen bestimmt.

Was nicht alles hat Erwin im Laufe der Jahre schon darstellen müssen. Die ihm aufgedrängten Rollen reichen vom Kolonialwarenlehrling bis zum Filmkomiker, vom Fürsorgezögling bis zum in Australien verschollenen Vetter. Anfangs opponierte er heftig gegen jede falsche Identifizierung. Er weigerte sich, der vermeintlich »Wiedererkannte« zu sein, suchte mit Leugnen und gestempelter Personalausweisung die Verwechslung aufzuklären. Er wußte noch nicht, mit welcher Hartnäckigkeit die Menschen gerade ihre

Irrtümer verteidigen. Er ahnte noch nicht, welches Mißtrauen seine Proteste hervorrufen mußten. Niemand glaubte seine Beteuerungen, daß er nicht der wäre, für den er gehalten wurde. Höchstens, daß er es nicht sein *wollte,* irgendeinen peinlichen Grund hätte, seine Identität zu bestreiten. Bald wurde Erwins friedliche Natur des ständigen Zanks müde. Er fügte sich und suchte sein Verhängnis, »ähnlich zu sehen«, mit Anstand zu tragen. Aus Gutmütigkeit wurde er zum Hochstapler wider Willen. Er ließ dem Irrtum freien Lauf und bemühte sich, den ihm abverlangten Figuren einigermaßen zu entsprechen. Drohte eine Enthüllung, nahm er brüsk Abschied.

Bis vor vierzehn Tagen ging so alles reibungslos. Da versuchte in einem Tanzcafé ein knochiges Ungeheuer Erwin als seinen vor Jahresfrist entlaufenen Bräutigam zu reklamieren. Erwin wurde bockbeinig. Er hatte auf eine angenehme Verwechslung gehofft, verspürte nicht die geringste Lust, den Abend an der Seite dieses schwarzdekorierten Gerüsts zu verbringen. Er begriff den entlaufenen Bräutigam auf den ersten Blick. Also verlegte er sich wie in früherer Zeit auf Leugnen und gestempelte Personalausweisung. Es kam mitten im Lokal zu einer schrecklichen Szene. Die Knochenbraut schrie allen zu, daß er das Manöver mit den gefälschten Papieren schon einmal versucht hätte. Damals wäre sein Name aber *Egon* gewesen. Wenn er nicht sofort die rückständigen Alimente zahlte, würde sie ihn der Polizei übergeben. Drohend setzte sie sich gegen ihn in Bewegung. Die Gäste nahmen ihre Partei. Es gab Ohrfeigen und Schlimmeres.

Zu Hause wollte sich Erwin im ersten Verzweiflungsanfall mit dem Rasiermesser die Pulsadern öffnen. Später sah er ein, wie wenig eine solche Handlungsweise in seinen Stil paßte. Bis zum Morgen stöhnte er wild, daß er es satt habe, zu dem reichlich genug bemessenen Mißgeschick noch fremdes zu ertragen. Dann faßte er einen Entschluß. *Er mußte,* koste es was es wolle, sein »besonderes Kennzeichen« haben. Die Natur konnte er nicht korrigieren. Aber was in seiner Macht lag, war er bereit zur Betonung seiner Individualität zu tun. Er entsagte aller menschlicher Eitelkeit.

Erwin trägt jetzt zur glattrasierten Kopfhaut einen Backenbart. Auf der Nase schaukelt ihm ein blechumrandeter Zwicker. Der Stehkragen greift bis an das Kinn. Die Beine stecken in braunen Stulpenstiefeln. Ein verblaßtes Jägerhütchen schmückt sein Haupt. Wenn er über die Straße stampft, stoßen die Leute sich lachend an. »Eine sehr originelle Verkleidung«, sagen sie und grübeln nach, wer sich wohl hinter dieser Maske zu verbergen sucht. – Herr Klappke oder Herr Rednitz?

Minister zu Fuß

Kein Zweifel, er ist es. Unverkennbar dieser breitzusammengepreßte Nacken, die scharfe Horizontale der eckigen Schultern, der bewußt legere Schritt. Oft genug hat Theo gerade die Rückensilhouette des Ministers in der karikaturistischen Übertreibung der Witzblätter studiert. Aber noch zögert er, die Begegnung anzuerkennen. Ein Minister zu Fuß, im Straßenanzug? So bürgerlich unauffällig in den Korso der Nachmittagsbummler eingereiht? Voll Verachtung für alle Parteipolitik, hat Theo doch zuviel Respekt vor ihren beamteten Vertretern, um sich ein hohes Regierungsmitglied ohne feierliches Polizeiaufgebot vorstellen zu können. Eine im Vorübergehen aufgelesene Zeitungsüberschrift zerstreut seine Bedenken. Aha, Parlamentssitzung. Der Minister hat seine große Rede gehalten. Verständlich, daß er nach der Debattenschlacht Erholung in frischerer Luft sucht. Mit fünf Schritt Distanz treibt Theo im ministeriellen Kielwasser durch den Sommerabend.

Niemand kümmert sich groß um den seltenen Flaneur und sein träumendes Anhängsel. Offiziell angekündigt, würden sich die Gaffenden bald zu Haufen ballen. Aber heute nicht erwartet und in so ungewohntem Aufzug, erkennt nicht einer von den Tausenden den Staatsmann. »Unser sicherstes Inkognito« vermerkt sich Theo für sein Aphorismenbüchlein, »… ist das unentwickelte Physiognomiegedächtnis der Mitmenschen.« Ganz zur Erholung aufgelockerte Würde, die linke Hand verspielt im Rückenriegel des Mantels, den rechten Arm fröhlich schlenkernd, spaziert das Auswärtige Amt vor Theos forschendem Blick. In eifriger Unterhaltung ihm zur Seite ein sympathischer junger Mann. Ein wenig zu vertraulich genähert, die Kleidung wohl von zu betonter Eleganz, um vor Theo als Ministerialrat zu bestehen; wahrscheinlich sein privater Sekretär. – Was mögen die beiden so interessiert besprechen? Pikanterien aus einer Kabinettsitzung? Der Plan einer neuen Demarche? Übermächtiger Wissensdrang läßt Theo die Distanz vergessen. Wie unabsichtlich beschleunigt er den Schritt, streift fast mit dem Arm den Vordermann. Seine Ohren lauern auf Staatsgeheimnisse. »Ja, mein Lieber«, hört er den Minister, »am Ende wird das noch ein richtiger Sommer.« Nichts weiter, eine lange Pause.

Enttäuscht läßt sich Theo auf seinen früheren Posten zurückfallen. Offen gesagt, er hat mehr erwartet. Um solcher banalen Wahrheit willen brauchte er kein Ministergespräch zu belauschen. In jedem Moment, bei jedem Wort müßte ein Politiker dieser Stellung sich seiner Verpflichtung zu Besonderem bewußt sein. Aber immerhin tröstet er sich, es hätte schlimmer kommen können. Schließlich, es war doch wenigstens ein runder Satz. Eine Feststellung sogar. »Richtiger Sommer«. Bisher war das durchaus noch nicht sicher gewesen. Jetzt mußte es Tatsache werden. Er hatte es aus bester Quelle. Sozusagen amtlich. Wieder versöhnt beschließt Theo, weiter auszuharren. Es macht ja nichts, wenn er noch einige Minuten daran wagt. Seine Gedanken kreisen um das Erlebnis. Der Verarbeitungsprozeß beginnt. Generalprobe für den Bericht im

Café. Diese neidischen Blicke … Der Minister erkannte mich sofort, forderte mich auf, ihn zu begleiten. Anscheinend nur das konventionelle Wettergespräch. Aber mit Hintergründen. Meteorologie und Politik. Es wird trocken und warm, also muß der englisch-russische Konflikt … Ein plötzlicher Wolkenbruch schreckt Theo aus seinen Phantasien. Hastig sucht er für seinen hellen Sommerdreß Schutz in einem Hausflur, indes der so überraschend dementierte Minister sich allen Weiterungen durch die Flucht entzieht.

Der Prinz von Wales geht auf Urlaub

Was ist der Prince of Wales? A funny boy, ein fescher Kerl.

Und wie ist das mit dem Hofleben? Es hängt ihm zum Halse heraus.

Wie ihn der Buckinghampalast langweilt! Und das Schloß zu Windsor. Und sein Marlborough House. Und die Sommerresidenz Osborne auf der Insel Wright. Und Balmoral im Schottischen.

Wie also fühlt sich *the worlds most popular young man,* der Welt berühmtester junger Mann? Angeödet und tief unglücklich.

Zahlt sich doch gar nicht aus, inkognito in die Londoner Bars, in den Kit-Kat Club zu laufen, sie spielen schon seit sieben Wochen dieselben Songs, Baby Face und Charlie My Boy, Charlie My Boy und Baby Face.

Ja, und die Kerle auf Sandringham in Norfolk spielen ein derart schlechtes Golf, daß die Hühner lachen.

Bleibt das Wettrennen der Windhunde in White City: es ist eine feine Sache, einmal, zweimal, dann macht einen auch der elektrische Hase gähnen.

Bleibt ein kleiner Spritzer mit der königlichen Yacht, oh, ganz hübsch, wenn man nicht alle Augenblicke von Kanalschwimmern und dem Gesurre der Ozeanflieger gestört würde.

Bleibt vielleicht ein putziger Sturz vom Pferd, in Anwesenheit der Pressevertreter und Photoreporter. Doch das ist altes Repertoire, *the prince* beliebten schon

1926, 1925, 1924, 1923, 1922 … vom Schimmel zu gleiten, pro Saison ein Stürzchen.

Eine Welt, daß Gott erbarm'. So fad, sooo faaad.

Wieder eine Weltreise?

Hm, hm.

Vorder- und Hinterindien kennt er wie seine Hosen- und Revolvertasche.

Was Ägypten anbelangt: die Krokodile pfeifen schon seinen Namen von den Pyramiden.

Australien? Australien geht ihm auf die Nerven.

Neuseeland, Guyana, Jamaika, Ceylon, die Fidschiinseln, Hongkong und Malta dito.

Spaß, das nennt sich: Kolonien.

Es gab wildbewegte Tage, im Marlborough House, bis es dem Prinzen einfiel: Kanada wäre einmal gar nicht so übel.

Kanada!

Von den Rocky Mountains weht ein eisiges Lüfterl, und auf den Prärien weiden Mustangs und Büffel. Und Farmen überall, Trapper ahoi.

Dieses bestellte man telegraphisch für den Prinzen von Wales: eine Ranch, eine echte kanadische Ranch, wie sie die wilden Jungs da drüben bewohnen, aus knorrigen Holzstämmen gefügt, rauh und wetterfest, tausende Kilometer von Quebec und Montreal entfernt, inmitten unermeßlicher Wälder und endloser Prärien. Eine simple Ranch mit sechs Badezimmern, zwei Billardsälen, einem Bridgeraum, einer Tanzdiele, drei Bars und so.

Alles nach eigenen Angaben des Prinzen. Ein Dampfer voller Koffer fuhr von England ab, und man beeilte sich, die Ranch herzurichten.

Gute Sommerfrische eines Prinzen.

Tageseinteilung:

Halb sechs wird aufgestanden. Ein kleiner Ritt auf leerem Magen und im roten Frack kann nicht schaden.

Sieben bis elf, erstes Frühstück, auf englische Art. Kleidung: Pyjama oder grünseidener Morgenrock.

Elf bis zwei: Unterredung mit dem Kurier. (»Wo bleibt mein Gehalt?« 40.000 Pfunde Gage und 60.000 Pfunde aus den Einkünften des Herzogtums Cornwall.)

Zwei bis vier: leichtes Essen im Freien, dann Empfang der Presse. Kleidung: Cowboyhosen, lila Hemd, lila Krawatte, lila Taschentuch, lila Hutband. Es geht der Prinz lila.

Vier bis sechs: Empfang der Bevölkerung. Kleidung: kombinierter Anzug, gestreifte Hose, schwarzes Sakko.

Sechs bis acht: Souper dansant. Hierzu: zwei Eingeborene drehen das Grammophon auf. The Prince erteilt Black Bottom-Unterricht. Eine Billardpartie. Kleidung: Smoking.

Acht bis zwölf. Bridge. Bei schönem Wetter am Fuße der Rocky Mountains. Kleidung: Frack.

Anschließend Tanz.

Zeitungsausschnitte aus englischen Blättern: »Unser Prinz lebt unter den Farmern in Kanada.«

»Unser Prinz schießt sieben Büffel.«

»Unser Prinz gewinnt das Zureiten wilder Gäule.«

»Unser Prinz verirrt sich im Gebirge.«

»Unser Prinz lernt Lasso werfen.«

– – Neulich weckten sie den Prinzen, gegen drei Uhr früh: ob er nicht Lust hätte, an einer Treibjagd teilzunehmen. Welche Frage? Im Nachthemd ritt er davon. Ja wohl!

Hello Prince, you are a funny boy.

Jetzt erst recht, als waschechter Trapper.

Interview mit einer Hexe

Der jüngste Frauenberuf

Die Karte, die in feinem Kupferstich und gewählter Type vor mir lag, erschien mir etwas unverständlich. »Magda C. empfiehlt sich zur Durchführung metaphysischer Aktionen.« Metaphysische Aktionen? Was war das? Handelte es sich um Geisterbeschwörungen, mediumistische Angelegenheiten? War Magda C. eine Mittlerin auf den Wegen spiritistischer Wissenschaft? Was tat sie? Wer war sie und wie sah sie aus? Jedenfalls konnte hier eine kleine Tapetentür in das Gebiet des Wunders kühl und unpathetisch geöffnet werden. Allem Anschein war Magda C. keine bleiche Theosophin am Rande peinlicher Verzückungen. Die mondäne Ausführung der Geschäftskarte ließ das deutlich erkennen. Hier gab sich klare Sachlichkeit kund, geschult an den Methoden neuzeitlicher Bedarfsdeckung. Ich lud sie telephonisch zu einem Besuch ein.

Eine junge, ausgezeichnet gekleidete Dame von höchst distinguiertem Aussehen erscheint, nimmt in einem Fauteuil Platz und beginnt:

»Ich bin Magda C., der Familienname tut nichts zur Sache. Es ist mir natürlich vollkommen klar, daß Sie sich unter metaphysischen Aktionen nichts Bestimmtes vorstellen können. Mein Fach, wenn ich so sagen darf: mein Beruf, bedarf einer kurzen Erklärung. Zweifellos wissen Sie, daß wir in einem metaphysisch orientierten Zeitalter leben, trotz dem allgemeinen Gerede von dem krassen Materialismus und so weiter …«

»Gewiß! Wollen Sie mir aber gleich zu Beginn ohne besondere Einleitung sagen, worin Ihre metaphysischen Aktionen bestehen? Was machen Sie also?«

»Ich wünsche«, sagt sie schlicht. »Nichts weiter. Ich übernehme Wunschaufträge aus besseren Gesellschaftskreisen. – Wünsche, entsprechend intensiv gehegt, greifen in den Ablauf der Dinge ein. Wünsche haben Kraft. Aber die meisten Menschen sind kraftlos oder zu bequem, um selbst zu wünschen. Solchen Leuten stelle ich mich gegen mäßige Entlohnung mit meiner besten bewährten Wunschkraft zur Verfügung. Ich übernehme ihre Wünsche in mein Programm, wünsche für sie stark und zuversichtlich. Sie sind entlastet, Bedrückung weicht von ihrer Seele, sie können ins Theater gehen, ins Konzert, auf Bälle, mit dem beruhigenden Gefühl, daß ihre Sache, ihre Wünsche sich in der Obhut einer erprobten Kraft befinden ...«

»Was wünschen Sie also, gnädiges Fräulein? Vielleicht einige Beispiele.«

»Meistens Tod und Verderben«, sagt sie freundlich lächelnd. »Vermögensverlust, Blamage und leichten Schaden. Diesem wünsche ich einen Defraudanten ins Geschäft, jenem eine belanglose, aber lästige Hauterkrankung. Die Wünsche, besonders die meiner weiblichen Klientel, gehen oft sehr ins Detail. Verlust eines Schmuckstückes, Haarausfall, rapide Gewichtszunahme – das ist sozusagen meine Kurrentware. Es gibt Leute, die ältere magische Bücher gelesen, sich an Eliphas Lévi oder Papus gebildet haben und infolgedessen an einem strengen Zeremoniell hängen. Ich halte nicht viel davon, aber ich lasse ihnen ihr Vergnügen. Sie händigen mir Photographien ihrer Feinde ein, beauftragen mich, sie mit einer goldenen Nadel zu durchstechen oder kleine Wachsfiguren zu verfluchen, die symbolisch ihre Gegner darstellen. Die Hauptsache bleibt: die Konzentration, der intensive, aufs Ziel gerichtete Wille.«

»Und haben Sie Erfolge? Ich meine: erfüllen sich Ihre Wünsche beziehungsweise die ihrer Auftraggeber? Können Sie von Ihrem merkwürdigen Beruf leben?«

Sie machte eine elegante umfassende Bewegung mit der Hand. »Blicken Sie doch einmal um sich! Sehen Sie nicht überall auf der Straße Menschen, die laut mit sich selbst sprechen, mit den Händen gestikulieren? Was tun diese Leute? Sie wünschen. Heiß! Inbrünstig! Wünschen Tod und Verderben, Jammer und Zusammenbruch. Glauben an die vernichtende Macht ihrer Wünsche, schöpfen Trost und Lebensmut daraus. Halten Sie das für kein lebenswichtiges Bedürfnis, das nach Befriedigung schreit? Das für einen findigen Menschen Gegenstand eines auskömmlichen Gewerbes sein kann? Wie steht es mit den Kartenaufschlägerinnen? Doch gewiß nicht anders. In früheren Zeiten begnügte man sich damit, einer Kuh die Milch zu verwünschen oder die Felder zu behexen. Das Leben ist vielfältiger geworden, die Möglichkeiten sind gewachsen. Es gibt Handel, Industrie, Geldwirtschaft. Aber die menschliche Seele ist im Grunde genommen gleich geblieben. Wenn Sie wollen, können Sie mich eine moderne Hexe nennen ...«

Sie zog Puderdose und Spiegel hervor und legte etwas Rot auf.

»Sie werden mir das alles nicht glauben«, fuhr sie fort, »aber was ich Ihnen sage, ist buchstäblich wahr. Ich habe mir die sogenannten Abgründe der Seele nutzbar gemacht. Das erstemal war es ein Witz, eine Laune. In Gesellschaft machte ich mich scherzweise erbötig, in Vertretung eines vielbeschäftigten Großindustriellen einem seiner Feinde einen Autounfall an den Leib zu wünschen. Am übernächsten Tag hatte es sich erfüllt. Die Sache sprach sich herum. Heimlich kamen Leute in meine Wohnung, die ich nicht kannte, führten vorsichtig tastende Gespräche über den Unfall. Sie seien an mich empfohlen, sie würden gerne ... man könnte ... okkulte Einflüsse ... metaphysische Aktionen ... Ich wußte genug. Heute lebe ich davon.«

»Und Ihr Gewissen?«

»Strafrechtlich ist die Sache nicht greifbar. Hexerei zählt in unserem merkwürdig aufgeklärten Zeitalter nicht mehr zu den Delikten, obgleich ich der Meinung bin, daß man im Laufe der Zeit wieder eine diesbezügliche Bestimmung in das Strafgesetz wird aufnehmen müssen. Und ob ich wünsche, oder meine Klienten, bleibt sich theoretisch im Effekt ganz gleich. Im übrigen ist das Ganze ja eine Sache des Glaubens ...«

»Können Sie mir eine Liste Ihrer Klienten zeigen?«

»Nein, das kann ich natürlich aus Gründen der Diskretion nicht. Aber Sie würden staunen, welche Persönlichkeiten dazu gehören. Leute, die an prominenter Stelle im öffentlichen Leben stehen. Bankmenschen, die meine Kraft bei komplizierten und schwierigen Transaktionen heranziehen. Industrielle, die mich für einen neuen Artikel interessieren. Jeden Montag werde ich zu dem Generaldirektor eines großen Industriekonzerns eingeladen, der auf meine übernatürlichen Kräfte schwört und sich ihrer bei allen seinen Geschäften bedient. Sie sind skeptisch, erstaunt, betroffen. Aber in zwei, drei Wochen, dessen bin ich mir sicher, werde ich auch Sie zu meinen Klienten zählen. Stemmen Sie sich nicht dagegen! Es hat keinen Sinn. Sie werden kommen. Ich weiß es. Die Sache liegt zu sehr in der Luft, stimmt zu gut zu der gegenwärtigen psychischen Verfassung der Menschen, zur allgemeinen Situation. Die moderne Hexe ist eine notwendige Zeiterscheinung ...«

Diese junge, gut aussehende, elegante, sehr mondäne Dame gibt es wirklich. Ich habe mit ihr wirklich und wahrhaftig gesprochen, sie ist in meiner Wohnung gesessen, harmlos plaudernd, als handele es sich um die gewöhnlichste Sache der Welt. Und ich denke, es verdient aus kulturgeschichtlichen Gründen aufgezeichnet zu werden, daß im Jahre 1927 eine Hexe sich etablieren konnte und in der Lage war, von ihrem Gewerbe auf mehr als bürgerlichem Fuße zu leben. Ihre Kleidung war sicherlich aus einem ersten Salon.

Bei Grock – dem Mann, der die Welt lachen macht!

Ein schwermütiger Mann kam zu einem berühmten Arzt und klagte ihm sein Leid. Der Arzt riet ihm: »Sehen Sie sich den Clown Debureau an – wenn auch der Sie nicht zum Lachen bringt, sind Sie verloren.« Der Mann schüttelte den Kopf: »Ich kann mir Debureau nicht ansehen. Ich bin Debureau!« (Bekannte Anekdote)

Die graue, karierte und viel zu weite Hose liegt wie ein Schal um seinen Hals, er schwitzt, daß ihm von den Schläfen und von der Nase die Schminke tropft, seine lächerlich unförmigen Schuhe scheinen schwer wie Bleikugeln, den Rücken krumm: so kommt Grock in die Garderobe – ein alter, trauriger Mann.

Draußen klatschen tausend Hände, bis hierher hört man Lachen, zwölfmal mußte Grock vor den Vorhang, und Blumen, so viel Blumen.

Grock, der Mensch, setzt sich auf den Stuhl in einer Ecke und atmet schwer. Sie wischen ihm den Schweiß vom Gesicht. Er kann die Augen nicht mehr offen halten, so blendeten die Rampenlichter. Der Photograph, der seit einer Stunde wartet, bittet um Pose. Grock verzieht die schwarz bemalten Lippen, daß sie fast die Ohrläppchen berühren, er grinst in das Objektiv. Ich glaube, er schlummert während der Aufnahmen. Aber er hat nicht den Mut zu sagen: Machen Sie's rasch, genug gelacht, ich muß ins Bett!

Grock, der Clown, der die Welt lachen macht, will

ins Bett, er mag nicht mehr posieren, er mag nicht lächeln, er will schlafen!

Bienne ist eine kleine deutsche Stadt in der Schweiz. Uhrenfabriken, Uhrmacher, Ziffernblattschreiber, Zeigerfabrikanten. Und ein Café, »Zum Paradies«. Sein Besitzer: Herr Wettach, Sohn und Tochter. Das Café geht hundsschlecht, die Leute in Bienne sind so emsig. Was macht Karl, der zehnjährige Sohn? Er tritt in Papas Café auf, jongliert mit Käsekuchen und Bierflaschen, spielt Harmonika, erzählt den Witz vom Nilpferd und von der Nähmaschine. Das Café ist voll, Abend für Abend. Denn auch die Schwester ist Amateurartistin geworden, sie tanzt auf dem Seil, das man zwischen Büffet und Garderobe gespannt hat. Wettach hat begabte Kinder.

Aber die zwei bekommen Appetit auf die Manege, laufen davon, kommen bei einem Zirkus unter, wandern mit ihm um die ganze Welt. Doch Karl Wettach ist noch lange nicht Grock. Erst stemmt er zentnerschwere Gewichte, dann spielt er die Klarinette, dann hängt er den Artistenberuf an den Nagel und wird Sprachlehrer. Geht wieder zum Zirkus. Erfolge, immer Erfolge. Und plötzlich ist er Grock, der Clown-Diktator, der Mann, der auf drei Jahre alle Daten besetzt hat – man zahlt alle Gagen.

Vor 18 Jahren war Grock in Berlin. Kam vom Zirkus Schumann in den Wintergarten. Partner: Antonet. Na und? Antonet & Grock fielen durch, weil es nämlich zwischen Bühne und Manege einen himmelweiten Unterschied gibt. – Antonet & Grock arbeiteten die Nummer um, eine Woche später waren sie nebst Reutter die Berliner Attraktion.

Er heißt Grock, weil: Brick, ein sehr populärer

Musikclown, hatte seinen Partner Brock verloren, tot. Da suchte er einen neuen Partner. Fand Karl Wettach. Sie machten einen Kontrakt. Brick & Brock hatten aber einen so guten Namen, daß Brick Wettach bat, sich Brock zu nennen. Wettach wollte nicht, nie schmückt er sich mit fremden Federn. Und er nannte sich Grock. Das blieb ihm bis heute.

Mit welchen Requisiten operiert Grock?

Er spielt Klavier, Saxophon, Miniaturgeige und Akkordeon.

Er kann ein wenig tanzen, er kann ein wenig jonglieren, er kann ein wenig turnen.

Das ist alles.

Es gibt Artisten, die alle diese Kleinigkeiten mit soviel Menschlichkeit bringen können. Es gibt keine Artisten, die so tiefe Komik betreiben, wie es Grock tut. Er ist ein *Clown der Seele,* ein metaphysischer Clown gewissermaßen.

Es gibt keinen Artisten, der ihm das nachmacht, keinen gibt es. Einen nur: Chaplin.

Chaplin und Grock, sie sind zwei geniale Brüder. Irgendwo, im tief Menschlichen, berühren sich ihre Individualitäten.

Von Mark Twain erzählt man sich, daß er, indes er im Bette seine Schwänke komponierte, immerzu weinte. Saphir fielen die besten Pointen während seiner Spaziergänge auf einem Wiener Friedhof ein. Chaplin liest griechische Philosophen.

Und Grock, der Clown, hat graues Haar und ein sooo trauriges Gesicht.

Der einzige, der Grock unterhalten könnte, ist Grock. Grock würde über Grock Tränen lachen.

Zehn Minuten mit Schaljapin

So viel Lärm.

Hundert Pagen. Lift auf, Lift ab. Die gesamte Direktion. Die gesamte Filmbranche. Füllfedern kratzen. Photoapparate fressen Platte um Platte. Ein Kurbelkasten visiert, wie eine Kanone so drohend. Eines dicken Zeichners schwere Hand zittert. Alles schwitzt.

Mein Gott, mein Gott.

Auch nur Menschen: ein Manager, der wie Schaljapin aussieht; und ein Schaljapin, der Schwergewichtsringer scheint.

Nur der Kopf. Der feine, gute, edle Kopf. Ganz still. Wie die Wolga (hat eine kleine, dürre und doch junge Dame in der Halle gesagt, sie hielt einen Band Turgenjew, liebevoll und gewissermaßen als Vorschlag für das erste Thema, eng an den Persianerpelz gedrückt).

Feodor aber: ein warmes Wolljäckchen über der teuersten Baßstimme der Welt; grüne Binde, die rote Kokarde der Ehrenlegion im Revers; trinkt Sherry und spricht das breite Französisch des ewigen Anfängers; das Haar ist hell wie Flachs; die Zigarre, die er raucht, scheint allerbester Import, Schaljapins weite Brust inhaliert ihren Rauch tief, zu tief, des Sängers Trabanten gucken schon.

Aus dem Kreuzfeuer, das unablässig gegen ihn knattert, und dem er sehr routiniert und geduldig standhält, ergibt sich:

daß Feodor Schaljapin in Kasan, im Tartarischen, zur Welt kam;

daß seine Eltern, einfache Bauern, die sie waren, Land bebauten und eine warme Petschka hatten, einen warmen Ofen, auf dem der junge Feodor vom Newskii Prospekt träumte und von der Iberischen Mutter Gottes;

daß Schaljapin durch Gottes Vorsehung Jünger eines Knabenchores wurde, welches Amt ihm nicht weniger als einen Rubel im Monat einbrachte;

daß Feodor, der sich schon als Zwölfjähriger in die Kulissenwelt verschossen hatte, mit siebzehn als komischer Alter in einer lächerlichen Operette die russische Provinz bereiste;

daß er in Tiflis, im Kaukasus, endlich ernstlich an seiner Stimme Ausbildung ging, wobei sein Lehrer Ussatow weder Mühe noch Kosten scheute, Schaljapin zu bändigen;

daß dann Feodor glattweg nach Petersburg und Moskau an die kaiserliche Oper engagiert wurde, woselbst sich alles weitere vollzog.

– – »C' est ma vie«, meinte Schaljapin, der jedes zweite Jahr seines Werdens, das er bedächtig erzählte, mit einem Schluck Sherry begoß, heute ist er an die zwoundfünfzig.

Nie habe ich gewußt, daß es soviele Fragen gibt. Wie Schaljapins Tante ihren Sohn nennen müßte, wenn es nach ihm ginge. Na, und die Unendlichkeit der Kunst? Müßte man denn eigentlich nicht den schiefen Turm von Pisa nun wirklich mal geradebiegen, he? Die Gage, wie hoch? Und so.

Unter anderem schwärmte er von Toskanini und von Rachmaninow. Aber Wagner sei nichts für ihn, gleichwohl, nicht wahr ...

Man kam auf Sowjetrußland. Schaljapin war schon fünf Jahre nicht dort. Die von Rechts wollten um jeden Preis Beweise für eine Verstimmung gegen die Heimat. Die von Links fingen alles Symphatische auf, das Schaljapin über Moskau sagte.

Mir schien es, als feiere Feodor in der Ferne und doch voller Inbrunst das Jubiläum seiner Brüder. Aber ich sprach nicht drein.

Aß nur Kaviar, echten Astrachaner Kaviar. Ging die Treppen hinab und pfiff leise, aus Pietät wohl, das Lied der Burlaken, Ey Uehnem.

Do swidanje, gospodin Feodor!

Claude Anet in Berlin

Ich habe Monsieur Claude Anet gestern im Esplande kennengelernt, und ich muß sagen, ich weiß nicht, was Ihr von ihm wollt, ich finde ihn sehr ernst. Als ich zufällig auf Anita Loos zu sprechen kam, auf ihr »Gentlemen prefer blondes«, da glaubte ich, auf Claude Anets symphatischer Stirne eine Falte entstehen zu sehen, er nahm es mir übel, ihn in einem Atem mit Dekobra und anderen Modeschreibern zu nennen. Gewiß, er hat recht, denn er betreibt Literatur und es ist ihm sehr ernst um sie.

Freilich, wir dürfen das nicht mißverstehen, Anet ist nicht der Literat, den wir meinen. Wir sprachen unter anderem auch über den deutschen Roman, aber, ach, Anet teilte nur mit, außerordentlich charmant natürlich, daß er außer Goethe nur noch einen einzigen Deutschen kenne: Dr. Petzer, den er im Stade de Colombes laufen sah, es sei einfach formidable, wie der Deutsche Sera Martin hinter sich ließ.

Wie überhaupt Anets Begeisterung für den Sport sehr angenehm berührt. War er doch selbst jahrelang französischer Tennismeister! Und Suzanne Lenglen, der Königin des weißen Sports, hat er ein ewiges Denkmal gesetzt, wobei ihn zwei Themen gleichermaßen reizten: der Sport und die Frau.

Anet, Franzose und adeliger Abkunft, am Genfer See geboren, studierte an der Pariser Sorbonne, wurde Lehrer, ohne den Beruf je auszuüben. Er schrieb. Wenn ein Franzose schreibt, schreibt er in hundert Fällen von hundert über die Liebe. Eine Zeitlang hielt er sich als Korrespondent des »Petit Parisien« in Rußland auf, und er fand trotz der Revolution Zeit genug, sich in die russischen Frauen bis über die Ohren zu verlieben. So entstand »Ariane«, mit ihr Anets Ruhm. Er schreibt weiter über die Liebe und über die Frauen, weiß der Himmel, der Stoff geht ihm nicht aus. Aber die Frauen vergelten ihm diese Liebe, seine »Notes Sur Amour« liegen auf dem Nachttisch der Madame, in London und in Prag, in Paris und in Berlin.

Das Schlußwort lasse ich Claude Anet selbst:

»Der Frauenbetörer verschwindet nach seinem Siege. Dann verwünschen die Frauen die Stunde seiner Geburt und doch bedauern sie – nicht daß er kam, sondern daß er ging.«

Bei der ältesten Berlinerin

Frau Auguste Richter, Berlin-Moabit, Birckenstr. 30, feiert heute ihren 100. Geburtstag. Der Berliner Magistrat, Polizeipräsident Zörgiebel und viele andere offizielle Vetreter stellten sich als Gratulanten ein.

Das Geburtstagskind, dem heute Moabits Aufregung gilt, um das sich alle Gespräche drehen, dem man Blumen ins Zimmer trägt, kleine Geschenke, die von Herzen kommen, liegt in einem schneeweißen Bett, der zahnlose Mund lächelt, alle Blicke aus den rotumränderten, doch aufgeweckten kleinen Augen streichen den Eindringling und sehen ihn an, als wollten sie sagen, ich freue mich, daß du dich freust, daß ich heute den 100. Geburtstag habe.

Hundert Sachen haben sie Frau Richter ins Zimmer gestellt, Porzellantassen, echten Bohnenkaffee, Spitzentücher, Schokolade, Bonbons, Gebetsbücher mit elfenbeinernem Deckel und einen Seidenschal. Und die Tür zu Frau Helene Wendlers, der Tochter der Hundertjährigen, kommt nicht zur Ruhe, alle sind sie da, das Wunder zu sehen: die älteste Berlinerin.

Frau Auguste Richter ist eigentlich ein Ausnahmefall in ihrer Familie. Ihr Vater wurde »nur« 65, ihre Mutter »nur« 84 Jahre alt. Zeitlebens wohnt sie in Moabit, wo sie auch geboren ist. Eine Schwester hat sie noch in Berlin, die genau 88 ist und auf dem besten Wege, den Rekord Augustes womöglich zu schlagen.

Enkelkinder spielen Ringelreihen um der 100jährigen Großmutter Bett, sie lacht immerzu, zieht die Hände unter der Decke hervor, schmale, wachsgelbe Hände mit vielen Falten, aber noch kräftig, und sie klatscht den Takt. Und unten, im Hofe, spielt einer auf der Gitarre:

So jung kommmen wir nicht mehr zusammen,
so schön wird es nie wieder sein …

Felix Holländer

Zu seinem 60. Geburtstag

Der jüngste Sechziger ist Felix Holländer, an dem morgen die Reihe sein wird. Die Reihe in den Lebensjubiläen der Generation, die man einmal die »walistische« nannte und die Hauptmann, Halbe, Hartleben eröffneten. Früh trat Holländer in sie ein. Er kam von der Zeitungsliteratur her, aus der Unrast des Tages, der zu schärfster, wachsamster Anpassung zwingt. Wie Hauptmann ist er Schlesier. In einem seiner besten Romane hat er die bürgerliche, patriarchalische Sphäre seines Elternhauses dargestellt. Und in »Traum und Tag« die Natur und die Ortschaften des Riesengebirges, das er mit den Augen der Heimatliebe betrachtete.

Er wurde zu Anfang der neunziger Jahre Berliner Romancier. Ein Bankkrach Unter den Linden war der Stoff seines »Sturmwindes im Westen«, eines mit lebendigstem Sinn für Aktualität umrissenen Gesellschaftsbildes, das als eines der ersten die plötzlichen Veränderungen dieser Übergangszeit, ihre Krisen und Sensationen festhielt. Dann schrieb Holländer »Jesus und Judas«, den Roman der sozialistischen Bewegung. Und am Ende des Jahrzehnts seinen großen Entwicklungsroman »Der Weg des Thomas Truck«, der alles zusammenfaßte, was damals für die Geister Frage und Ziel war. Thomas Truck, der die Sehnsucht in sich trägt, die Leiden der Welt auf sich zu nehmen, dessen Idealität durch die Sinnlichkeit einer Millionärsgattin aus dem Tiergartenviertel verführt und getäuscht wird, der in einer Versammlung der Heilsarmee ein Mädchen aus dem Volke kennenlernt und durch den Selbstmord dieser Armen, Gesunkenen die Freiheit wiedergewinnt, der in der Bohème des »Nachtlichts« von allen Tendenzen der Umwälzung erfaßt wird und in einem tolstoianischen Christus den Ausgleich findet, er hat noch heute in der Geschichte des Zeitromans zwischen 1900 und der Gegenwart seinen Platz. Von da ab blieb Felix Holländer einer der gelesensten Erzähler, oft verblüffend durch die Sicherheit, mit der er seinen Menschen Physiognomie gab, und immer mit der nervösen Kunst der Erregung, wie er sie im »Eid des Stefan Huller« hat, dem Artistenroman, und im »Tänzer«, dem phantastisch beleuchteten Roman eines Hochstaplers.

Er ist als Dramatiker nur mit einem Schauspiel, »Ackermann«, hervorgetreten, das er mit Lothar Schmidt gearbeitet hat, und das mit Emanuel Reicher ein Bühnenerfolg war. Doch von jeher war in ihm die heimliche Liebe zum Theater. Er folgte ihr, als Reinhardt in Berlin am Werk war, ging als Dramaturg und Regisseur zu ihm und war viele Jahre der elektrische Motor des Betriebes, mit unerhörter Vitalität und einer Ausdauer, die sich nur noch steigerte. Als Reinhardt das Deutsche Theater verließ, hat Holländer die Direktion für ihn übernommen und durch die Wirrnisse der Nachkriegsjahre hindurch innegehabt, bis das Ärgste vorbei war und er sein Mandat in Reinhardts Hände zurücklegen konnte. Nun sitzt er wieder auf dem Parkettsessel des Theaterkritikers. Und daneben produziert er mit Elan.

Vielleicht hat er inzwischen auch an eine Niederschrift seiner Erinnerungen gedacht. Er war stets im vordersten Kampfgetümmel. Es müßte sehr interessant sein, wenn er eine Strecke seines Weges schildern wollte. Denn es wäre nicht nur Persönliches, von dem er spräche, sondern eine ganz unruhige Epoche von Berlin.

Der Senior der Berliner Kritik

Zum Tode Alfred Klaars

Alfred Klaar, der Senior der Berliner Theaterkritiker, der jetzt, zwei Tage vor der Vollendung des 79. Lebensjahres gestorben ist, entstammte dem Prager Boden wie Fritz Mauthner. Er lehrte an der Deutschen Technik in Prag, von dort hatte er den Professorentitel. Er wirkte als Schauspielkritiker der »Bohemia«. Das geistige Leben der Stadt, in der er als letzter bei einem Schiller-Jubiläum unter freiem Himmel eine Rede in deutscher Sprache hielt, fand in ihm einen Mittelpunkt. In den Räumen des Prager Schriftstellervereins Concordia, dessen Vorträge er organisierte, steht heute noch sein Bild, das einen dunkelbärtigen Mann von mildem Denkertyp zeigt.

Klaar hatte als Kritiker die Ästhetik des Idealismus in sich aufgenommen. Das deutsche klassische Drama war für ihn unvergängliche Höhe; er konnte Abhandlungen über »Maria Stuart« schreiben, Rezensionen in Fortsetzung. Doch da er in der österreichischen Kultursphäre heimisch war, erschloß sich ihm früh auch die Welt Anzengrubers, und er schritt mit jeder Generation in die nächste fort. Das blieb sein Bestes, die Duldsamkeit, mit der er auf Richtungen, die ihm fremd sein mußten, sich einstellte. Nur leise und wohlwollend war der Tadel seines grauen Alters. Er hatte in seiner Tätigkeit von Jahrzehnten viel gesehen, zuerst in Prag, am Theater Angelo Neumanns, das die Berühmtheiten des norddeutschen und des österreichischen Theaters als Gäste versammelte und für manche große Kraft der Ort des Aufstiegs wurde.

So besaß er umfassende Vergleichsmöglichkeiten; und zu seiner Gabe der individualisierenden Charakteristik kam die Erfahrung des Patriarchentums. Er schrieb, als er mit der Berliner Schauspielerin Paula Eberty, der Kollegin von Else Lehmann, in die Hauptstadt des Deutschen Reiches übergesiedelt war, in den Berliner Neuesten Nachrichten, dann in dem Blatt Fontanes und Schlenthers, der Vossischen Zeitung. Unermüdlich wartete er, bis in die Tage beginnender Gebrechlichkeit, seines Amtes, und bei jeder Premiere sah man ihn, im nachlässig zugeknöpften schwarzen Rock, einen freundlichen Greis mit ernsten, hellen Augen. Der Verein Berliner Theaterkritiker hat ihn erst kürzlich zum Ehrenpräsidenten gemacht.

Von den Büchern Alfred Klaars ist eines der volle Ausdruck seiner Persönlichkeit. Es hieß »Wir und die Humanität«. Human war dieser Literaturhistoriker und Erläuterer des Spinoza bis in den Grund seiner Seele. Eine seiner letzten Schriften ist die Studie über Kleists »Marquise von O.«. Er war ein Redner von reiner Begeisterung und erstaunlichem Gedächtnis. Wer ihn etwa über »Uriel Acosta« sprechen hörte, mehr als eine Stunde, ohne jede Hilfe von Notizen, der kennt die Lauterkeit seiner ethischen Gesinnung und seine formsichere Beherrschung des Wortes und wird ihm eine ehrfürchtige Liebe bewahren.

Nr. 108 A 55 Morgen-Ausgabe Berlin Dienstag, 5. März 1929 V

Vossische Zeitung

15 Pfennig

Berlinische Zeitung von Staats- und gelehrten Sachen

Verlag und Schriftleitung: Berlin SW 68, Kochstraße 22-26

Die B.Z.-Frau und der deutsche Kronprinz

Punkt zwei betritt Schappel das Restaurant »Taubenschlag« in der Behrenstraße, stellt ihren Laden in die Ecke, setzt sich breit an den runden Tisch hinten, rückt ihre Kappe zurecht, so daß die gelbgestickten Lateinbuchstaben B und Z jetzt diagonal über die Stirne laufen, und während Frau Schappel mit der rechten Hand viel Kleingeld aus der Manteltasche hervorholt, preßt sie den linken, breiten Daumen gegen das linke Loch ihrer Nase, über die ein ganzes Netz feiner roter Äderchen, wie Flüsse auf einer Landkarte, gespannt ist, gleichzeitig bläst sie eine Lungenladung Luft durch das andere Nasenloch: solchermaßen reguliert Frau Schappel ihren Atemverkehr – hernach hebt sie den Kopf ein wenig und ruft zum Büfett hinüber: »Erna, 'nen Kaffee!«

Das ist schon so seit 25 Jahren. Erna serviert Frau Luise Schappel tagtäglich viermal Kaffee, macht viermal 25, also 100 mal 365, ist 36 tausend und 500 Kaffees im ganzen, wozu allerdings die Schaltjahre hinzukommen und wovon noch die Sonn- und Feiertage subtrahiert werden müßten. An denen verkauft Frau Schappel die B. Z. nicht, da liegt sie bis drei in ihrem Bett in der Brunnenstraße, ventiliert ihre Stimmbänder, und nur von Zeit zu Zeit fliegen Worte auf. Frau Schappel streitet mit ihrem Mann um den Rekord im Verkauf der Illustrierten. »Der is jetzt ooch 'n Kolporthör. Hat sich umstellen müssen, nämlich, er war einmal drastischer Komiker, jawohl. Er heißt wie Streesemann.«

Gustav?

»Nee, Justaff. Aber is 'n Anfänger noch. Ick bin schon 25 Jahre beim Bau, 1904 eingetreten, jawohl. Bis 1904 hab' ick Blumen verkooft, Unter den Linden. Ick bitt' Se, wer kooft denn jetzt noch Blumen? Kennen Se den Laden vom Hoffriseur Gilbert, Ecke Exerzierstraße und Kanonierstraße, da steh' ick de janze Zeit schon. Wissen Se, ob Sturm ob Rejen, ob Hitze ob Frost. Wat hat's d'n heute? 8 Jrade. Det is nischt. 1917 hat's 21 jehabt, da is uns det Tuch vorm Mund anjefroren, 1910 wär' ick vor Hitze bald blöd jeworn und umgekippt, und im Herbst wern wir jarnicht trocken. So 'ne Scheiße is det, damit Se im Bilde sind.«

Wieder preßt Frau Schappel den Daumen gegen das linke Nasenloch, und ein seltsam dröhnender Laut kommt zustande, wie aus einem kaputten Saxophon. Nach einem tiefen Schluck Kaffee beginnt sie mit der Spitze des Zeigefingers, die aus einem schwarzen zerrissenen Handschuh hervorlugt und in der Farbe absolut mit ihm nicht kontrastiert, den Geldberg zu sortieren: die Sechser zu den Sechsern, die Groschen zu den Groschen und die Marks zu den Marks. Sooft sie dann bei einem Dreimarkstück hält, schüttelt sie ihren schweren Kopf, meint: »'n Taler hab' ick damals jekriegt!« – und der ganze »Taubenschlag« weiß sofort, worum es sich handelt.

Das ist die Sache mit dem Kronprinzen und dem Taler.

Nämlich: es war 1914, im April oder im Mai, vom Krieg noch keine Spur, da kam er in seinem Wagen langgefahren, vom Generalstab in der Leipziger

Straße, die Behrenstraße hinunter, nach dem Schloß. Neben ihm saß sein Adjutant, Mühlenberg, Mühlenteich, Mühlendorf oder so. Frau Schappel sah den Wagen kommen, erkannte den Kronprinzen und begann mit den Zeitungen zu winken wie Robinson mit seinem Nachthemd, als er das erste Schiff an seiner Insel vorbeifahren sah. Noch schöner kam es: der Kronprinz stoppte, ehrenwörtlich, vor Frau Luise Schappel, der Adjutant reichte dem Kronprinzen und der Kronprinz wieder reichte Frau Schappel einen Taler, Frau Schappel händigte ihm eine B. Z. ein, wobei ihr vor Angst übel wurde, sie stand bibbernd da und stotterte: »Danke sehr, hoher Herr Kronprinz!«, der Kronprinz winkte sehr nett, und der Wagen verschwand wieder. Und so ging es täglich weiter. Frau Schappel hatte Unterweisungen bekommen durch den Adjutanten, der sich beim Gilbert rasieren ließ: sie müßte den Kronprinzen nicht mit »Hoher Herr Kronprinz«, sondern einfach mit »Kaiserliche Majestät« ansprechen, und »recht dralle« müßte sie sein. Ach, nu wollte Lieschen recht dralle sein, aber wie er nur so daherkam, wurde Frau Schappel rot bis übern Kopp und sagte immer wieder »Hoher Herr Kronprinz«. Ja, das waren schöne Zeiten für Frau Schappel, sie wußte, daß er die Zeitung »nur aus Jokus halber koofte«, denn »der liest ja niemals nich«, sicherlich kam er ihretwegen täglich die Behrenstraße langgefahren, an dem Taler war Frau Schappel weniger gelegen. Nein, er kam nicht nur der Frau Schappel wegen, das hatte sie bald selbst heraus: drüben, im Haus Nr. 58, wo die Friedrich-Wilhelm-Lebensversicherung ist, standen Tag für Tag alle Telephonfräuleins am Fenster, frischgekirrt und sehr erregt warteten sie auf ihn. Frau

Schappel ahnte, warum er ihr täglich die Zeitung abkaufte: ihr Zeitungsstand war genau vis-à-vis jenen Fenstern, in denen fünfzig Mädchen mit krebsroten Gesichtchen wie reife Trauben hingen, und Frau Schappel war damals schon vierzig. Vor Eifersucht blieb ihr die Spucke weg.

Na, und dann kam der Krieg, basta.

Frau Schappel trinkt den dritten Kaffee heute, sie meint, daß die Blätter in Bolivien und in Paraguay jetzt guten Absatz hätten, sie erzählt von ihren besten Tagen, vom Untergang der »Titanic«, von den ersten Kriegswochen, von Haarmann und von Lindbergh, vom Krantz und vom Zeppelin. Indes klatscht Tropfen um Tropfen aus Frau Schappels Nase genau zwischen die Sechser und die Groschen, die feinsortiert auf der Tischplatte liegen.

Stroheim, der Mann, den man gern haßt

Er heißt einfach »Von«, und wer »Von« ist, weiß heute jedes Hollywooder Kind. Erich von Stroheim, das war zu umständlich. Sie rissen das »Von« aus seinem Namen und nennen ihn mit besonderer Vorliebe nur mehr so – gleichsam als wollten sie auf diesem Rummelplatz der Parvenüs mit den drei adligen Buchstaben protzen. Dabei sprechen sie dieses »Von« wie »one« – eins – aus. Und wenn man, Greenhorn noch in Hollywood, etwa fragt: warum nennt ihr Stroheim »one«? – dann bekommt man zur Antwort: weil jede Firma mit ihm nur einen Film drehen kann, nachher ist sie nämlich schon pleite.

Das ist das Großartige an Stroheim: seit 15 Jahren geht man pleite an ihm; seit 15 Jahren steckt man immer wieder Millionen in ihn; sagt nichts, wenn er Jahre an einem Film herumbastelt, den er dann plötzlich aus Überdruß stehen läßt; sieht geduldig zu, wie er sechs Wochen lang an einer einzigen Liebesszene arbeitet, Länge, unter Brüdern, 12 Meter; zahlt schwere Dollars den Stars, Extras und Atelierarbeiten, alles läuft einen ganzen Monat beschäftigungslos herum: nur weil »Von« noch nicht in der richtigen Stimmung ist.

Trotzdem hält man Stroheim – wie man Kakteen hält oder dekadente Windspiele. Aus Respekt vor seinem so einzigartigen Können glaubt man ihm sogar seine Stimmungen. Läßt ihn nicht gehen: vielleicht auch aus Scham vor so viel Nüchternheit rundum. So aber hat man Chaplin und »Von«, hat zwei Genies voller Launen und Spleens – fabelhaft, nicht? Ganz wie in Europa.

Nach Amerika kam Stroheim schon vor dem Krieg. Warum, das sagt er nicht. Er war vorher aktiver österreichischer Offizier. Einmal in New York, mußte er sich ein wenig umstellen: sein amerikanisches Debüt gab von Stroheim als Fliegenpapier-Verkäufer in Newark. Paar Monate später balancierte er Gulasch im Little Hungarian Restaurant in der berüchtigten Houstonstreet. Dann legte er Schwellen für die Eisenbahn. Schlug sich so als Arbeiter durch nach dem Westen. Und wurde schließlich Fährmann auf dem Lake Tahoe in Nordkalifornien. Im Süden, nur ein paar Dutzend Kilometer entfernt, schoß gerade Hollywood aus dem Boden: man kurbelte bares Geld.

Sein Aufstieg ist rasch erzählt. Eine Filmgesellschaft kommt an den Lake Tahoe. Stroheim tut mit, verdient auf höchst einfache Weise Geld, die Sache mit dem Kurbelkasten gefällt ihm, er schließt sich den Leuten an und kommt mit ihnen nach Hollywood. David Wach Griffith dreht gerade einen »Alt-Heidelberg«-Film. Stroheims Gesicht paßt wundervoll: er statiert als Korpsstudent. Im Atelier ist einmal Streit: Griffith ist mit den Medaillen nicht zufrieden. Stroheim meldet sich, zeichnet sachkundig echte Heidelberger Medaillen und avanciert sofort zum technischen Beirat mit dreifacher Gage. Dann wieder verwendet ihn Griffith als Schauspieler in »Herzen der Welt«. Stroheim spielt einen deutschen Offizier. Zum ersten Mal schafft er eine erbarmungslose Type, die deutlicher gegen Krieg und Militarismus spricht als tausend Worte. In Amerika fixiert man ein Schlagwort auf Stroheims Offizier: the man you love to hate – der Mann, den man gern haßt. In Deutschland brandmarkt man ihn als Überläufer, Verräter, Kriegshetzer.

Stroheim steht vor Laemmle, dem Allgewaltigen der Universal: lassen Sie mich einen Film machen, ich brauche 5000 Dollar. Ein Amerikaner hätte ihm ins Gesicht gelacht: größenwahnsinniger Statist! Laemmle ist Deutscher. Wie da ein Österreicher vor ihm steht und Pläne entwirft, begeistert von sich selbst – fühlt Laemmle Funken. Er gibt das Geld, die 5000 Dollar. Und gibt noch 30.000 drauf. So viel kostet Stroheims erster Film, »Blinde Ehegatten«. Stroheim schneidet den Film. Führt ihn Laemmle vor. Von der kleinen Leinwand schreit Neues, Originelles. Alle Konventionen auf den Kopf gestellt. Alles anders angepackt. Laemmle schüttelt den Kopf: lieber Stroheim, Sie sind uns um 5 Jahre voraus!

Aber er gibt ihm wieder Geld. Stroheim macht den *»Teufels-Schlüssel«*, macht »Närrische Frauen«. Manuskript, Regie, Hauptdarsteller: Stroheim. Immer als Offizier, als österreichischer, russischer. Immer »the man you love to hate«. »Närrische Frauen« haben eine Million gekostet. Kommen verstümmelt in Berlin heraus. Man lacht. Stroheim nennt man noch immer einen Kriegshetzer und einen Narren obendrein. Stroheim beginnt drüben »Rummelplatz des Lebens«, baut den ganzen Wiener Prater auf. Sehnsucht nach der Heimat verzehrt ihn. So baut er sich wenigstens ihre Kulissen auf, zum Trost … Den Film dreht er nicht zu Ende. Läuft Laemmle davon, zu Metro-Goldwyn-Mayer. Macht *»Gier nach Geld«*.

»Gier nach Geld« läuft genau einen Tag im Ufa-Palast am Zoo. So einen Film-Skandal hat es in Berlin noch nie gegeben. Man greift sich an den Kopf: er ist uns um 5 Jahre voraus. Unabhängig von den Russen, dreht er schon vor ihnen russisch. Ahnt schon so etwas wie Bildschnitt und Montage. Dreht in Assoziationen. Und entlarvt zum ersten Male: so ist eine Hochzeit, so ist ein Begräbnis in Wirklichkeit: Sternheim-, nein, George-Grosz-Typen stehen da, ihre brutalen Gedankengänge vor den Stirnen. Die bannt Stroheim!

Mit der *»Lustigen Witwe«* hatte Stroheim seinen ersten großen Erfolg. Ein Erfolg auch für die Kassen, sein einziger. Sein vorletzter Film, *»Der Hochzeitsmarsch«*, kostete Millionen. Es ist Unglück: man holt »Von«, macht Vertrag, er schwört bei allen Göttern, nicht mehr als 500.000 Dollar zu verbrauchen, nicht länger als drei Monate zu drehen. Und in dem Augenblick, wo er das Megaphon wieder in der Hand hat, wieder im Regie-Stuhl sitzt, hat er alles vergessen. Kommt nicht los von Details. Dreht, so erzählt Pommer, einen Kuß sechs Wochen … Die Lindenblüten, die auf die Küssenden fallen müssen, fallen und fallen ihm nicht gut genug. Die Produzenten schimpfen und rücken immer wieder mit neuem Geld heraus. Oft zahlt »Von« die Nach-Aufnahmen aus eigener Tasche, wie ein reicher Dilettant! Tausende Meter werden verdreht, ganze Straßenzüge aufgebaut und wieder abgerissen. Chaplin, der ewig suchende, experimentierende, kritische Chaplin ist die Zielbewußtheit selbst im Vergleich mit Stroheim. »Von« stellt das Atelier auf den Kopf. Da holt man einen anderen Regisseur, läßt das Ding Hals über Kopf zu Ende kurbeln. Nur Schluß damit.

Dennoch läßt sich's mit ihm arbeiten. Der letzte Film, *»Queen Kelly«* mit Gloria Swanson, hat nur zehn Wochen gedauert! Man war klug genug, so den Vertrag zu machen: Stroheim bekommt für Manuskript und Regie 100.000 Dollar. Aber der Film muß binnen 10 Wochen fertig sein. Sonst dreht man auf Stroheims Kosten weiter. Und er wurde fertig, einen Tag vor Ablauf der Frist. Die Swanson spielt eine Bordell-Mutter, der Film soll großartig sein. (Übrigens gab es nachträglich doch noch einen Krach: Stroheim weigerte sich, eine Tonfilm-Einlage nachzudrehen, weil er nichts von Movietone hält. Prozeß mit der Swanson. Edmund Goulding, der von »Anna Karenina«, macht die Tonfilm-Szene.)

Stroheim ist ein armer Mann. De Mille, Griffith, Lubitsch wissen nicht, wohin mit ihrem Geld. Murnau hat sich eine Yacht gekauft und will ein Jahr zwischen Japan und Kalifornien kreuzen. Stroheim wohnt mit seiner Familie in einem einfachen Häuschen und fährt einen Vier-Zylinder-Wagen. Der reine Tor von Hollywood.

Leute, die aus Hollywood kommen, berichten: Stroheim will nach Hause, aber ihm fehlt der Mut: wie wird man ihn in Deutschland empfangen?

Über einen Pokerkünstler

Eine Aktiengesellschaft müßte gegründet werden, eine, deren Ziel es ist, diesem sonderbaren Mann die Chance zu geben, ein einziges Mal in Palm Beach mit Ford, Rockefeller, Vanderbilt pokern zu dürfen: die A.G. würde sich nach diesem Abend im Besitze der Detroiter Automobilwerke und der größten Vermögen der Welt befinden. Ja, auf Ihren Einwand, daß die Gesellschaft einen Falschspieler finanziere, muß ich Ihnen erwidern, daß sich der Mann – das Poker-Genie – nicht sträuben würde, wenn 20 Detektive das »Game« mit der Zeitlupe beobachteten. Man würde ihm nichts nachweisen, gleichwohl er jedesmal Vierlinge oder Flushs hätte. Die Augen der argwöhnischen Beobachter würden das Tempo nicht durchhalten, in dem er seine Volten schlägt. Und die schlägt er rascher und besser als irgendwer auf der ganzen Welt. Gleichwohl 70 Jahre – die hatte er im März schon hinter sich – die Finger ein wenig zittern machen.

Er heißt *Fritz Herrmann,* Herrmann mit zwei r und mit zwei n, und ist der Besitzer eines Delikatessenladens im Norden Berlins. Magere Weddinger Kinder pressen ihre sommersprossigen Nasen gegen die Auslagenscheibe, dahinter stehen Himbeerbonbons und glitzern wie eine Fata Morgana, unerreichbar weit. Es gibt auch Waschpulver zu kaufen, Essig und Senfgurken, in der Ecke steht eine verstaubte Pyramide aus Suppenwürzewürfeln, alles Pappdeckel. Der Laden wird von Frau Herrmann geführt, ihn interessiert er gar nicht. Um so mehr hängt er aber mit aller Liebe an dem Weinkeller unter dem Laden, einer brillanten Sammlung der seltensten Marken, die Herrmann, wie einer Briefmarken sammelt, aus den Erträgnissen seiner Zauberei zusammengetragen hat. Die ersten Berliner Häuser decken hier ihren Bedarf, bei Onkel Herrmann gibt es die ausgefallensten Marken, und worauf er besonders stolz ist, das sind die österreichischen Weine: Vöslauer, Gumpoldskirchner, Jahrgänge, von denen es nur mehr Flaschen gibt.

Der Monte Castello ist auch nicht schlecht, ein roter »Grenzwein«, sagt Onkel Herrmann, »er hat nicht die Herbe des Bordeaux und nicht die Süße des Spanierweins«. Wir sitzen in einem Hofzimmerchen, hinter dem Laden, so oft einer ins Geschäft kommt und etwas kaufen will, klingelt es, aber es klingelt selten. (Alles Mitleid mit dem Ladenbesitzer muß schon an dieser Stelle von dem Schreiber aufs entschiedenste zurückgewiesen werden: Herrmann ist ein steinreicher Mann, ob er das Waschpulver verkauft oder nicht, das ist ihm piepe, er hält sich den Laden des Amüsements halber.) Es ist 11 Uhr vormittag. Wir pokern. Was kann man um diese Stunde auch Besseres machen? Ich habe ein neues Spiel aufgerissen und mische gewissenhaft. In dem Hofzimmer riechts ein bißchen muffig, aber der Monte Castello ist außerordentlich. Ich gebe die gemischten Karten meinem Partner, er hält sie eine halbe Sekunde lang zwischen zwei Fingern, gibt sie mir dann zurück: »Teilen Sie!« Ich teile, eine ihm, eine mir, jedem fünf Karten. Er sieht sich sein Blatt gar nicht an, gießt sich wieder von dem Rotwein ein und sagt ganz nebenbei: »Ich eröffne!« Meine

Karten habe ich übereinandergelegt und öffne sie, raffiniert langsam, wie einen Fächer. Ein paar Könige sehe ich schon, noch ein König, also auf jeden Fall zumindest ein Drilling, kein schlechtes Blatt. Ich drücke weiter: ein vierter König!, und dazu die Karo Neun. Also, ich habe ein hervorragendes Blatt, vier Könige. Schlagen können mich nur mehr vier Asse und eine Royal Flush, das heißt fünf in einer Farbe und in einer Reihenfolge. »Wieviel kaufen Sie?« frage ich Herrmann, der immerzu trinkt und sein Blatt noch gar nicht kennt. »Keine!« Himmel, was kann er haben? Full hand? Flush? Straight? Alles zu wenig. Vielleicht hat er eine Royal Flush? Soviel Glück trau' ich ihm nicht zu. Ich kaufe zum Scheine eine Karte, sehe sie mir interessiert an, als ob ich noch einen fünften König kaufen könnte. Es tut mir eigentlich leid, daß wir nicht um Geld spielen, ich würde ihn raisen – überbieten – bis er grün wird. So aber, da es nicht einmal um Erbsen geht, decke ich lachend mein Blatt auf. Bis zu diesem Augenblick hat er sein Blatt immer noch nicht gesehen. Er schaut auf meine vier Könige und sagt ruhig: »Zu wenig!«. Langsam legt er seine Karten um: vier Asse. Als er die gemischten Karten die halbe Sekunde zwischen den Fingern hielt, hat er die entscheidende Volte geschlagen. Die großen Berliner Pokerpartien, die, die Herrmann noch nicht kennen, müßten vor ihm gewarnt werden: man kann die Hosen an ihm verlieren. Zum Glück spielt Herrmann nicht Karten. Er spielt nur mit ihnen.

Im Schuljahr 1874 gab es an dem Görlitzer Gymnasium keinen unbegabteren Schüler als Fritz Herrmann. Das Zeugnis brachte er auch nicht nach Hause, mit dem lief er über die Grenze nach Österreich, zu einem winzigen Wanderzirkus, bei dem er als Plakatmaler unterkam. Der Junge lernte Parterre- und Luftgymnastik, gleichwohl er dafür nicht recht taugte. Mit sechzehn Jahren kommt er nach Wien und wird Lehrjunge bei Kratky Baschik. Wer den Wiener Prater kennt, der weiß, daß heute noch eine Schaubude existiert, die Kratky Baschiks Namen führt. Herrmann lernte viel bei seinem Meister, er bekam 30 Kreuzer für die Vorstellung, das heißt, er bekam sie versprochen, bei der Abrechnung wurden fünf daraus. Meister Baschik hatte es mit der Lunge und mußte eines Tages aufhören. Herrmann sprang für ihn ein. Er war immer ein guter Redner gewesen, und vom Zuschauen war er ein geschickterer Zauberer geworden als der dicke Baschik. Die Deutschmeister und Dienstmadeln applaudierten sehr, der Erfolg wuchs, gutes Publikum kam, und eines Tages auch Herr Rosenbaum, der Herrmann für das damals eben erbaute »Venedig in Wien« engagierte, 50 Gulden den Abend. Feine Leute saßen Abend für Abend da, Herrmann bekam einen guten Namen. Sogar ins Sacher lud man ihn ein, einige Herren wollten eine Privatvorstellung für sich haben. Herrmann ging ins Sacher, in der linken Tasche trug er schon seit Monaten drei kleine Sperlinge, die er halbverhungert in der Hauptallee aufgelesen hatte und die nach einer genauen Dressur auf einen Pfiff davonflogen und wiederkamen. Es schienen feine Leute zu sein. Der eine zeigte auf eine Platte, auf der drei gebratene Krammetsvögel lagen und sagte: »Wenn du sie lebendig machen kannst, dann will ich dir meine goldene Uhr schenken!« Herrmann nahm einen Krammetsvogel in die Hand, changierte ihn geschickt mit einem Sperling, der aufflatterte. So kam auch Leben in die zwei anderen Vögel. Die Uhr bekam Herrmann, und, weil er die Herren so fein unterhalten hatte, auch noch tausend Gulden. Wie er dann vom Kellner erfuhr, war der Mann mit der Uhr König Milan von Serbien, die andern Herren waren Baron Rothschild, Baron Springer, Erzherzog Ferdinand und Erzherzog Este. Einmal in so guter Gesellschaft, ließ sich Herrmann nicht mehr aus ihr hinausdrängen. Vierzig Jahre lang reiste er kreuz und quer durch die Welt, immer bei besten Leuten das beste Amüsement. Er war sieben Jahre in Konstantinopel, am Hofe des Sultans. Über Auftrag des Schiffsreeders Ballin fuhr er ein dutzendmal nach Amerika und zurück, um einen Falschspieler zu entdecken, der den amerikanischen Passagieren alles Geld im Poker abnahm, ohne daß man ihm auf den Trick hätte kommen können. Auch Herrmann brauchte zwölf Reisen dazu: der Mann war ein österreichischer Offizier, und hatte beim Spiel immer eine goldene Tabatière vor sich liegen. Diese Tabatière war auf der einen Seite matt, auf der andern spiegelnd. Wenn dieser Offizier die Karten austeilte, so hielt er das Spiel über dieser spiegelnden Seite und kannte so die Karten der Partner: wenn er den Joker nicht im Spiel sah, zog er ihn aus seinem Ärmel, den er eigens dafür präpariert hatte. Herrmann legte dem sympathischen Mann das Handwerk.

Der heute Siebzigjährige ist zweifellos der größte Kartenkünstler der Welt. Alle Varieté-Angebote lehnt er ab. Er tritt auf, aber nur in Privatgesellschaften, deren Hausherren ihm 1000 Mark für zwei oder drei Stunden Arbeit bieten können. Im Augenblick zum Beispiel packt er die Koffer und fährt nach Monte Carlo, wo er im Kasino zwei Abende hat, zu denen alle Billette vergriffen sind: Die Monte-Carloer Ganoven werden sich die Augen aus dem Kopfe gucken, ohne auch nur einen einzigen Trick zu kapieren oder gar für sich verwenden zu können. Dann wieder ist Herrmann Gast beim Deutschen Klub in Paris. Und tags darauf die Attraktion im Hause eines Bankmagnaten, dessen Gäste er so verblüfft, daß sie vierzehn Nächte lang nicht schlafen können. Der französische Botschafter wird keine einzige von den hundert Partien Ecarté gewinnen können, der amerikanische Konsul wird mit einem Vierling das Pokergame verlieren. Den Damen des Hauses wird der charmante Herrmann Treff As für den Herz Buben vormachen, er wird, ohne die Karten anzurühren, die gedachte Karte erraten. Und alles mit einer solchen Eleganz, wie man sie bei Kartenkünstlern gar nicht kennt, denn Herrmann ist auch mehr als das. Er ist ein Phänomen, wie Schermann eines ist.

»Hallo, Herr Menjou?«

Er spricht ein reizendes Deutsch – Seine Mutter stammt aus Leipzig

W. R. Wilkerson trinkt Coca Cola. Coca Cola, das schmeckt wie abgebrannte Pneumatiks. Aber es soll sehr erfrischend sein. W. R. Wilkerson ist in Coca Cola verliebt. Er trinkt eben das vierte Glas. Wenn einer in Coca Cola verliebt ist, dann kannst du mit wundervoller Chance um deine letzte Hose wetten, daß dieser Liebhaber ein Amerikaner ist. Und wenn er gleich vier Gläser in sich gießt, dann ist er sicher ein müder Amerikaner.

W. R. Wilkerson ist Amerikaner und müde. Hollywood – New York stehen kursiv auf seiner Visitenkarte. Er ist mit der »Bremen« gekommen, vor lauter Rekordfieber schlief er nicht.

W. R. Wilkerson will nämlich in Berlin Geschäfte entrieren. In Hollywood gibt er eine Filmzeitung heraus und heißt Adolphe Menjou. Ihm ist er nach Europa nachgereist, mit ihm will er hier Filme machen. Menjou nämlich hat sich mit der Paramount zerstritten. 100.000 Dollar für einen Film, das könnte denen so passen. Adolphe denkt nicht daran, sich diesen lächerlichen Preis länger gefallen zu lassen. Nein, lieber geht er angeln. Er verlangt 150.000 Dollar. Die Paramount will nicht. Der Kontrakt platzt. Mit einemmal überkommt Adolphe mächtiger Appetit auf Europa, nein, auf Arbeit in Europa. Er packt seine weltberühmten Klamotten in 18 Schiffskoffer und sitzt schon in Paris. Wilkerson indes sondiert das Berliner Terrain.

Sie wollen sobald wie möglich anfangen.

W. R. Wilkerson trinkt noch ein Coca Cola. Schrecklich, wie kann man nur soviel angebrannte Pneumatiks … Er sieht nach der Uhr. »Zahlen. Ich muß leider nach dem Büro. Ein Ferngespräch mit dem Majestic-Hotel, Paris, kommt. Wollen Sie per Telefon Menjous Bekanntschaft machen? Bitte sehr. Unterwegs erzähle ich Ihnen alles.«

Unterwegs erzählt er mir alles.

Über den Hollywood Boulevard geht an einem Sommertag 1919 ein Mann in hellgrauem Anzug, eine Aktentasche unter dem Arm. Viele Männer gehen an diesem Tag über den Hollywood Boulevard, viele in hellgrauem Anzug und mit der Aktentasche unter dem Arm. Aber keiner trägt die Aktentasche so wie unser Mann, keiner geht so präziös und doch so aufrecht wie er. Das fällt nicht nur uns auf. Ein Wagen stoppt vor dem Mann. »Pardon. Mein Name ist Fairbanks, Douglas Fairbanks …« Der Mann mit der Aktentasche zieht mit großartiger Eleganz den Hut. »Angenehm. Adolphe Menjou.« Eine Viertelstunde später sitzen sie sich im Studio gegenüber. »Ich möchte, daß Sie für mich arbeiten!« Menjou zwirbelt an seiner linken Schnurrbartspitze. »Das tut mir leid. Ich bin mit meinem Posten als Vertreter der Filmgesellschaft C. C. Enterprises hoch zufrieden. Verdiene 125 Dollar die Woche, außerdem Prozente, gutes Weihnachtsgeschenk … Ich bin nämlich der beste Salesman im Bau. Und wer gibt mir die Gewähr, Herr Fairbanks, daß ich Ihre Filme auch so gut absetze wie unseren Schmarrn?« – »Sie sollen nicht meine Filme verkaufen. Sie sollen mit mir spielen!«

Menjou zwirbelt jetzt an dem anderen Schnurrbartende. Er unterschreibt den Vertrag und denkt sich: verrückt. »Sie sind doch Franzose, sicher guter Adel …?« Menjou freut sich, daß er den Vertrag schon unterschrieben hat. »Adel? Mein Vater ist Franzose, Mutter ist Deutsche, aus Leipzig. Ich bin Amerikaner. 1892 geboren. Ich war Kellner in Vaters Restaurant in Pittsburgh. Dann bezog ich die Cornell University, Ithaca, N.D. Im Krieg war ich in Frankreich an der Front. Dann Filmvertreter. Bis vor zehn Minuten noch Salesman der C. C. Burr Enterpises. Jetzt der Schauspieler Adolphe Menjou. Mein Bruder wird sich totlachen. Und was, bitte, soll meine erste Rolle sein?« – »Einer der drei Musketiere!«

Einer der drei Musketiere fällt Chaplin auf. Er holt sich den und macht mit ihm und der Purviance unter eigener Regie »Pariser Nächte«. Seitdem lacht sich Menjous Bruder nicht mehr tot. Adolphe stürmt die Leiter des Erfolgs, nimmt gleich sechs Sprossen mit einem Satz. Lubitschs »Ehe im Kreise« sieht ihn schon in höchster Form. Dann ist er Zimmerkellner der Großfürstin, der Gentleman von Paris. Er gilt als der bestangezogene Mann der Welt, mitsamt dem Prinzen von Wales, als der Mann mit den 200 Anzügen und 1000 Krawatten. Sein Schnurrbart, zuvor noch das optische Kennzeichen des Filmschurken, eröffnet Filialen auf Millionen Oberlippen, in Amerika und Europa. Er gehört zu dem Dutzend Menschen, die Frack und Zylinder tragen können. Die einer Dame ein Bukett überreichen, ohne daß man auflacht. Gewiß, 100.000 pro Film war ein Spottpreis für derlei Qualitäten.

Als der Kontrakt ablief und Menjou 150.000 wollte, unterzeichnete die Paramount nicht mehr. Sie vergaß, daß sie den letzten, einzigen Kavalier gehen ließ. Einen mit Haltung und Stimme zugleich. Was seinem Tonfilm »Fashions in love« nach Bahrs »Konzert«, einen ganz großen Erfolg brachte. Paramount gibt nicht 150.000. Menjou sitzt in Paris. Ein Kabel kommt nach dem anderen. Sie bieten schon 125.000. Menjou will nicht. Er macht eben auf eigene Faust mit W.R. Wilkerson zwei Tonfilme in Europa. Schon sitzt er mit dem Autor Ernst Bajda über zwei Manuskripten, wahrscheinlich holt er sich noch den delikaten d'Abbadie d'Arrant für die Regie. Nur weiß er noch nicht, wo er drehen wird. In London, in Paris oder in Berlin.

»Berlin wäre mit offengestanden am liebsten!« sagt W.R. Wilkerson. In diesem Augenblick meldet das Fernamt: Paris.

W.R. Wilkerson hat die Füße auf den Schreibtisch gelegt und telephoniert so mit Adolphe Menjou, zur Zeit Paris, Hotel Majestic. Was ich von Wilkersons zermiautschtem Amerikanisch a) verraten darf, b) verstanden habe, ist: daß er auf der »Bremen« mit Herren von der deutschen Filmbranche ernste Vorbesprechungen gehabt hat; daß er Berlin für sehr geeignet hält, daß er heute nach Karlsbad zu Laemmle fährt, um dem eine Geschichte, die die Universal besitzt, für Menjou abzukaufen; daß er spätestens im Oktober mit der Produktion anfangen will.

Dann reicht mir W. R. Wilkerson den Hörer. Ich weiß nicht, aber in diesem Augenblick mache ich vor Menjou über 1000 Kilometer hinweg eine tiefe Verbeugung, rücke mit der linken Hand die armselige Krawatte pikant zurecht... Menjou spricht deutsch, sehr deutlich, sehr fein. Ja, sogar sehr freut er sich auf Berlin. Dann lacht er, als ich meine, daß Leipzig also außer der Messe noch etwas geleistet hat. Nein, vorerst fährt er noch nach Biarritz, um dort die Manuskripte fertigzustellen. In Berlin arbeiten? Die Chancen stehen 60 zu 100. Alles sehr nett und sehr höflich. Zum Schluß brüllt W. R. Wilkerson ein heiteres good bye in die Muschel.

Eine verdammte Erfindung. Man sitzt in einem Berliner Büro, hält einen albernen Hörer in der Hand und sieht ganz deutlich das Appartement im Majestic: Adolphe steht in einem Seiden-Pyjama, in Siam gewebt, vor dem Apparat, er zieht sich eben zum viertenmal um. Die Spitzen seines Schnurrbarts werden eben von einem japanischen Diener mit heiligem Öl beträufelt. Daneben steht Miß Catharina Carver, die Gattin, und weiß sich mit den 200 Anzügen keinen Rat. Unten, in der Halle, warten schon seit Stunden sechs Mädchen: sie bringen selbstgestrickte Wollkrawatten für ihren Adolphe. In dem Schreibzimmer aber setzt der Liftboy, der heute Urlaub hat, unter hundert Photos sein Autogramm: Adolphe Menjou, Adolphe Menjou, Adolphe Menjou.

Vor einem Jahr starb Klabund

Der Dichter und der Eintänzer

Das war eine glückliche Zeit, im Winter 26: ich war damals Eintänzer in einem großen Berliner Hotel.

Ober Nr. 4, mit dem mich tiefe Freundschaft verband, hatte mich eigentlich vor dem Tisch neben dem Banjo gewarnt. Er brauchte nur im Vorbeigehen sauer nach einer Richtung zu schielen, und ich wußte sofort: dort ist kein Pfennig zu holen. O Gott, nach Trinkgeld sah die Sache auch nicht aus. Neben einer reizvollen Frau saß ein schmaler Jüngling und blickte traurig und schüchtern ins Parkett und dann hoch zu den Lichtern, die jetzt in ein mattes Rot umschlugen. Mattes Rot, das bedeutet Tango, und es tanzt sich wirklich viel besser und viel süßer bei dieser Beleuchtung. Ja, aber besser und süßer, darauf kam es mir damals gar nicht an. Das Gewicht, das war die Frage: ob man 200 oder nur 180 zu schleppen hatte.

Die Spanier begannen eben so ein verliebtes Ding aus ihren Harmonikas zu quetschen. Ich wollte mich drücken und meine Beine ein wenig verschnaufen lassen, Frau Kommerzienrat hatte mir meine Brotgeber schon beim Foxtrott arg zertreten. Aber der Tanzleiter, ein Russe, bei dem wir's nicht sehr gut hatten, erwischte mich: die Tretmühle durfte keinen Augenblick lang stillstehen. Also ging ich zu diesem Tisch, links neben dem Banjo, verbeugte mich vor dem traurigen Jüngling und begann mit seiner Dame den Tango loszuschnörkeln. Eintänzer denken sonst immer, während sie tanzen, vor lauter Langeweile an goldene Zigarettenetuis oder an neue Krawattenmuster. Diese Dame tanzte leicht und gut. So oft wir an ihrem Jüngling vorbeitanzten, beguckte ich ihn: wie der Zinnemann, so sah er aus.

Der Zinnemann, das war unser Klassenprimus gewesen, von dem wir regelmäßig die Mathematikarbeiten abgeschrieben haben. Schrecklich blaß und dünn, das Haar kurzgeschnitten wie ein Sträfling. Der arme Zinnemann, von dem wir geglaubt hatten, daß er einmal das perpetuum mobile erfinden wird, der hatte es mit der Lunge. Sie haben ihn schon lange begraben. Neben dem jungen Mann sah ich auf dem Stuhl eine Mütze liegen und ein paar Bücher. Ach, da paßte schon eher eine Mütze zu einem Fünf-Uhr-Tee als diese Bücher ... ein Buch in diesem Tanzlokal, das hat es dort sicher nie wieder gegeben.

Sie kamen oft wieder. Ich tanzte mit der Dame und der junge Mann sah uns sehr sehnsüchtig nach. Einmal, als ich gerade in der Halle stand, kam er direkt auf mich zu. Ich fürchtete schon, daß er mir Trinkgeld anbieten will, hol mich der Teufel, von dem hätt' ich's ungern angenommen.

»Verzeihen Sie ...«, sprach er mich sehr zaghaft an, »ich wollte Sie fragen ... so ein Eintänzer ... das muß doch sehr interessant sein ... ich meine, sehr interessant ...«

»I wo.«

Hinter den Brillengläsern schwammen Fieberaugen. »Doch, doch ... entschuldigen Sie, wenn ich danach frage ... aber wie kommt man dazu ...?«

Komisch, Eintänzer fragt man immer: wie kamen Sie dazu –. Den Damen, mit denen ich tanzte, oder die den Charleston für sieben Mark fünfzig lernten, fabelte ich immer allerhand vor, von »bessere Tage gesehen« und von »Familienzwist, Enterbung, Flucht«, und »eigentlich wollte ich Flugzeugkonstrukteur werden«, doch »noch sei nicht aller Tage Abend«. Aber diesem blassen Burschen, der wie mein toter Schulkollege Zinnemann aussah, dem konnte ich nichts vorlügen: was soll man denn tun, wenn's einem schlecht geht? Wenn sich Kragen und Manschetten nur zweimal wenden lassen? Wenn man im Winter nicht auf einer Bank im Tiergarten übernachten kann? Wenn man nur bei einem Weinhändler Kredit hat, der einem drei Flaschen Malaga pumpt, dann diesen Malaga in den Landwehrkanal schüttet, nur um die leeren Flaschen zu verkaufen, – Schrippen kosten Geld. Was soll man tun?

Furchtbar interessant fand er das. »Versuchen Sie doch mal, es niederzuschreiben. So, wie Sie mir's erzählt haben. Ich werde es schon in einer Zeitung unterbringen!« Ja, schreiben ... ich hatte schon einmal etwas ähnliches getan, aber ich wollte es wieder versuchen.

»Kommen Sie dann zu mir, ich werde Ihnen helfen!« Er sagte mir seine Adresse, es war eine Straße in der Nähe vom Knie.

»Nach wem soll ich denn fragen?«

»Nach Klabund.«

Im Grunewald wartete man an den folgenden Tagen vergebens auf den Tanzlehrer. Der russische Tanzleiter spuckte Galle. Ich tat einfach nicht mehr mit. Zu Hause schrieb ich drei Nächte lang, was meine Beine erlebt hatten. Dann trug ich alles zu Klabund. Er wohnte zusammen mit der Dame, mit der ich den Tango getanzt hatte, mit seiner Gattin Carola Neher.

Sehr armselig schienen mir meine Memoiren. Aber Klabund hatte Freude an ihnen, er saß eine Stunde da und korrigierte. Was hätte der daraus gemacht, fiel mir ein. Zwischendurch erzählte mir Klabund, daß er einmal etwas Ähnliches mitgemacht hat: als Klavierspieler in einer Likörstube.

Die »B.Z.« druckte die Erinnerungen eines Eintänzers. Doch zuvor schrieb mir Klabund noch ein paar Zeilen Einleitung. Wir trafen uns in einem Café, da gab er mir diese Zeilen, die ich den Aufsätzen vorausschicken sollte. Sehr feine Worte: man sollte übers Leben schreiben, wie es ist; das hier wäre der richtige Weg.

Als wir da saßen, an diesem grauen Wintermorgen, sah er noch schmaler, noch blasser aus. Er hielt sich das Taschentuch vor den eingefallenen Mund und hustete. »Es ist nichts –«, sagte er, und es war wirklich nichts. Nur ein winziges, rotes Pünktchen.

Daran ist er gestorben.

DIE BOXERBRAUT
MIT XENIA DESNI U. WILLY FRITSCH
HEUTE URAUFFÜHRUNG
WOCHENTAGS 5-7-9 UHR
SONNTAGS 3-5-7-9 UHR
UFA-PALAST AM ZOO
DONNERSTAG D. 2. SEPT. BIS MITTWOCH D. 8. SEPT.
EIN VERGNÜGTER FILM VON ROB. LIEBMANN
REGIE: DR. JOHANNES GUTER
HAUPTROLLEN: XENIA DESNI · WILLY FRITSCH
HERMANN PICHA · HARRY LAMBERTS-PAULSEN
DAS UFA SYMPHONIE-ORCHESTER UNTER LEITUNG VON ARTHUR GUTTMANN

III.

Eins, zwei, drei

Film- und Theaterkritiken – schnell, kurz, prosaisch

Ehekonflikte

Im Primus-Palast

Die Frau wird in ihrem Boudoir von ihrem Gatten mit einem fremden Mann überrascht. Sie spielt die Überfallene, er den Einbrecher. Aber als die Polizei ihn abführen soll, deckt sie selbst den Schwindel auf. Sie reist nach Nizza, der Fremde reist nach Nizza, der Mann reist nach Nizza, und alle drei nehmen in dem gleichen Hotel Quartier. Und hier geht das lächerliche Spiel mit den oberflächlichen Konflikten, in das noch der Diebstahl eines geheimen Staatsvertrages hineinkomponiert ist, weiter, bis der Fremde, er ist der Dokumentendieb, das Ehepaar wieder zusammenbringt.

Manuskript (Erich Herzog) und Regie (Alfons Berthier) sind von unglaublicher Unbeholfenheit. Der zweite Teil wird mit sich steigerndem Lachen und Pfeifen begleitet, und als gegen Schluß der Titel erscheint: »Es waren entsetzliche Stunden«, findet er stürmische Zustimmung. Schade um Lotte Lorring, Werner Pitschau und Victor Colani, die sich für diesen »Bluff«, die Bezeichnung stammt vom Autor, hergaben.

Voraus ging ein nicht weniger schwacher amerikanischer Abenteuer-Film »Menschen der Nacht«.

Eichberg dreht

Wenn Eichberg dreht, ist es immer lustig, und darum widerhallt jetzt die große Atelierhalle in Neubabelsberg von fröhlichen Musikklängen, die den »Fürst von Pappenheim« (nach der bekannten Operette) in die rechte Spiellaune versetzen sollen. Den Konfektionär Egon Fürst und den »Fürst Egon« spielt Curt Bois, die Prinzessin Antoinette Mona Maris, eine von Eichberg neuentdeckte Darstellerin. Beschäftigt sind noch Dina Gralla und Werner Fütterer. An der Kamera steht Heinrich Gärtner.

Außerhalb der Halle wartet gerade G. W. Pabst, der Regisseur der »Liebe der Jeanne Ney«, auf Regen. Stundenlang, in glühender Sonne. Und er zwingt den Himmel. Wolkenbruch unter Blitz und Donner. Ein reichlich nasses Vergnügen, aber die Szene ist »naturecht«. Jetzt ist Pabst mit seinen Hauptdarstellern Brigitte Helm, Edith Jehanne, Uno Henning und Fritz Rasp sowie mit den Kameraleuten Wagner und Lach nach Paris, wo die Außenaufnahmen gedreht werden.

In einem anderen Teile der Halle ist Dr. Wendhausen mit den letzten Aufnahmen zu seinem Film »Der Kampf des Donald Westhoff« nach dem Roman der Berliner »Illustrierten Zeitung« beschäftigt. Eine Szene in der Bierschenke von Vater Spieß. Mit charakteristischem Durchblick auf die Straße. So natürlich, daß man die Gegend zu kennen glaubt, in der Elizza la Porta, Imre Naday, Nicolal Malikoff und Hermann Valentin hier zu Hause sind.

Der Bettler vom Kölner Dom

Im Emelka-Palast

Ein schmissiger, tempogestraffter Kriminalfilm, der gut unterhält, weil er lustig ist. Das Drehbuch, das Dr. Alfieri verfaßt hat, arbeitet nach vielbewährtem Muster, stellt einer Diebesbande, die in vielen Verkleidungen einer jungen Lady den Schmuck rauben will, einen berühmten Kriminalisten gegenüber, weiß die Situationen geschickt zu verknoten und zu lösen und durchsetzt die ganze Handlung mit einem liebenswürdigen, manchmal knalligen Humor, der die Spannungsmomente glücklich ablöst.

Der Regisseur Rolf Randolf läßt die Szenenfolge sich rasch und darum sehr wirkungsvoll abrollen. Auch gespielt wird sehr brav. Einen starken Lacherfolg holt sich Harry Lamberz-Pausen, der in prachtvoller Maske als »dufter Junge« seine athletischen Kräfte gegen eine Stahlkassette sich austoben läßt. Den Detektiv spielt Henry Stuart mit vornehmer Zurückhaltung, für die Diebesbande stellen Hanni Weiße, Fritz Kampers, Karl de Vogt und Robert Scholz gelungene Typen. Sehr hübsch die Bauten von G. A. Knauer und die Photographie von Willie Hameister.

Pat und Patachon am Nordseestrand

Im Emelka-Palast

Wenn man alte Bekannte nach längerer Zeit begrüßt, ist es immer eine Freude. Auch die beiden dämlich-lustigen Gesellen, den langen und dünnen Pat und den kurzen und dicken Patachon, sah man wieder gern. Sie kamen vom Nordseestrand, wo sie allerhand erlebt hatten. Was sie erzählen, erinnert an Münchhausens Lügengeschichten. Als Fischer haben sie sich versucht, aber die Erfahrung machen müssen, daß man leicht selbst von einem Hai gefischt werden kann. Eine Hütte haben sie sich selbst gezimmert, die ihnen eines Nachts der Wind davonbläst, während sie selbst unfreiwillig vom Sand eingebuddelt werden (Chaplins »Goldrausch« stand hier Pate). Helden waren sie natürlich. Patachon, der sich auch vor Geistern nicht fürchtet, der größere. Erobern sich die Herzen der Dorfschönen mit einem drollig getanzten Charleston, befreien einen jungen Mann aus den Händen seines Rivalen und verhelfen ihm dazu, daß er seine Liebste heiraten kann.

Schnurren sind es, Don-Quichotterien, harmlos, albern, aber mit unbeirrbarer Gelassenheit vorgeführt und deshalb amüsant. Lau Lauritzen hat für hübsche Naturaufnahmen gesorgt, und bei der Rettung Schiffbrüchiger auch für einige Spannung. Es war ein hübscher Abend.

Funkzauber

Im Phoebus-Palast

Für die Rundfunkenthusiasten – und deren gibt es doch so viele! – bringt dieser Film mancherlei: Er führt sie durch die Berliner Sendeanlagen, macht sie mit den Sprechern der großen Sendestationen bekannt, vor allem mit dem vielbewunderten Berliner Sprecher Alfred Braun, und schafft ihnen ein instruktives Bild von dem Betrieb der Sendestation, die ihnen aus zauberhafter Ferne Stunden angeregtester Unterhaltung bereitet. Nicht in trockenen Bildern, sondern im Rahmen einer gefälligen Spielhandlung, die von Jane Beß und Dr. Rino Ottavi stammt und von Richard Oswald, auf zu breiter Anlage zwar, aber doch flott inszeniert wurde.

Mit viel Humor gesehen ist ein Rundfunkenthusiast, der sich, wo er steht und geht, als Schwarzhörer etabliert. Im Walde, wenn er gemütlich seine Stulle verzehrt, auf dem Wachtzimmer der Polizei, wohin er als Landstreicher eingeliefert wird, in seiner Laube, auf die sein Traum von einem Millionenerbe zusammengeschrumpft ist. Werner Krauß stattet diese Figur mit einem behaglichen Humor aus, der unfehlbar wirkt. Dieser Funk-August mit dem schiefsitzenden Hütchen, den ewig lachenden Augen, ist ein vollsaftiger Mensch. Diese Leistung von Krauß reiht sich ebenbürtig an seinen grandiosen kleinen Beamten in der »Hose« an.

Neben ihm treten die anderen Darsteller zurück:

Xenia Desni, die wieder eine Jungmädchen-Rolle spielen muß, Fern Andra, der man gern wieder begegnet, und die man gern auch noch öfter sehen möchte, in Rollen, die ihr größere Möglichkeiten bieten, Leo Penkert als wütiger und belehrter Rundfunkgegner, Anton Pointner als lockerer Windhund, Fritz Kampers als Polizist und Gert Briese als schmachtender Liebhaber. Das Publikum spendete reichen Beifall.

Frost im Atelier

Ein Bad bei 7 Grad Kälte

Wie schwer haben es doch manchmal die Filmschauspieler! Ein Beispiel konnte man unlängst im Atelier in Staaken sehen, wo der französische Regisseur Jaques Feyder für die Defu den Film »Therèse Raquin« dreht. Da ist neben einer halbverfallenen ländlichen Schenke ein Riesenbassin aufgebaut, ein »See«, in dem die treulose Therese mit ihrem Liebhaber ihren schwächlichen Mann ertränkt. Im Sommer wäre eine solche Wasserszene für die Schauspieler gewiß eine Erholung. Daß sie aber zähneklappernd vor Kälte bei 7 Grad unter Null den Gleichmut nicht verlieren und willig und voll Eifer die Szene durchführen, ist doch zu bewundern. Gina Manés, Wolfgang Zilzer und A. H. Schlettow sind dieses mutige Trio.

Die Defu dreht gleichzeitig auch den Film »Seine Mutter«. Regie Paul Ludwig Stein. Die Hauptrolle spielt die Amerikanerin Mary Carr. Dann »Frau Sorge« unter der Regie Roberts Lands, ebenfalls mit Mary Carr. Daneben sind Dieterle und Grete Mosheim beschäftigt.

Pat und Patachon

Im Beba-Palast

»– – – auf dem Wege zu Kraft und Schönheit«, lautet der ausführliche Titel. Und zu zwei niedlichen Ehefrauen, hätte man noch hinzufügen können. Denn wahrhaftig, diesen beiden Schlemihlen, die so oft schon ihre Herzen an schlankbeinige Geschöpfe verloren haben, immer aber resigniert zusehen mußten, wie ihnen zuletzt andere vorgezogen wurden, gelingt es hier, zwei holde, allerdings etwas dämliche Jünglinge auszustechen.

Der lange Dünne und der kleine Dicke aber sind zu vielen Dingen tauglich. Lassen sich von zwei lustigen Mädels, die ihren Landonkel unter der Vorgabe, Malerei und Bildhauerei in der Stadt zu studieren, gehörig schröpfen, als römisch-griechische Statuen verwenden, als es dem Onkel einfällt, die Nichten zu besuchen. Sie geben dann ein possierliches Lehrerpaar in der Tanz- und Gymnastikschule ab, die die Mädels im Landhause ihres Onkels einrichten. Mit Liebe ist das gar nicht zu viel bezahlt.

Die Handlung ist sehr lustig. Es gibt eine Menge verzwickter Situationen, aus denen Pat und Patachon immer einen köstlichen Ausweg finden. Lau Lauritzen, der Hausregisseur der beiden, hat die Sache launig und mit viel Temperament inszeniert, und so gab es einen recht heiteren Abend, der mit viel Beifall quittiert wurde.

Der Geliebte seiner Frau

Im Marmorhaus

Der Untertitel »Ein Seitensprung ins Ehebett« verspricht einen derben Filmschwank. Aber die Autoren Zureff und Berenfeld haben viel Wasser in den Wein getan. Sie haben sich zwar von Derbheiten freigehalten, das ist ihr Verdienst, aber sie haben auch für das harmlose Lustspiel nicht jene grazile Leichtigkeit und Beschwingtheit aufgebracht, die einen bereits stark abgebrauchten Stoff noch einmal sehenswert gemacht hätte.

Die Geschichte von der Bürgerstochter und dem verkrachten Grafen, die sich heiraten sollen, damit er aus seinen Schulden und sie zu ihrer ersehnten Grafenkrone kommt, die sich aber, ohne sich zu kennen, noch vor der Hochzeit ineinander verlieben, diese Geschichte ist nicht neu. Dafür ist sie hier breit ausgewalzt. Diese Motive und Situationen hat man oft schon viel gefälliger und reizvoller gesehen. Die Regie Max Neufelds läßt auch Tempo und feinere Nuancierung vermissen. In der Hauptrolle erscheint Dina Gralla diesmal wenig vorteilhaft und unsicher. Auch ihr Partner Alfons Fryland bietet eine blasse Figur. Claire Lotta sucht ein Temperament zu forcieren, das ihr vollkommen abgeht. Richard Waldemar dagegen stellt einen ergötzlichen alten Schwerenöter auf die Beine.

Aus den Ateliers

Draußen in St. Pauli, in einer verrufenen Ecke Hamburgs, liegt die Kneipe »Zum guten Ankergrund«. Nicht gerade die besten Seeleute verkehren hier. Zwei ganz schlimme Burschen sind der »Kleine« (Wolfgang Zilzer) und der »Doktor« (Fritz Rasp), denen das schönste Mädel von St. Pauli (Jenny Jugo) die Opfer, die geplündert werden sollen, zuschleppt. Man nennt es die »Carmen von St. Pauli«, eine Bezeichnung, die dem Film den Namen gegeben hat, den Erich Waschnek mit dem Operateur Friedel Behn-Grund und dem Architekten Alfred Junge jetzt in Neubabelsberg dreht. In die Netze diese Teufelsmädels geht auch ein braver, ehrlicher Matrose (Willy Fritsch), der zum erstenmal in eine solche Kneipe gerät. Diese Typen! Im Stillen ist man froh, daß man ihnen nur in einem getreulich nachgebildeten St. Pauli begegnet.

In ein anderes Milieu, freundlich, hell und auch lustig, führt der Film »Karneval der Liebe«, an dem Augusto Genina arbeitet.

Eine Nacht in Yoshiwara

In der Schauburg

Alfred Abel ist nicht zu beneiden. Er muß einen schrecklichen weißen Bösewicht inmitten gelber Schäfchen abgeben. Wenn er sich nicht mit solcher Noblesse aus der Affäre ziehen würde, der Ausflug Hanns Brennerts und Hasso Proetzel-Prices in das Land der Geishas wäre noch enttäuschender geworden. Die »fremde Gegend« stellte den Regisseur Emerich Hanns jedenfalls vor noch schwierigere Aufgaben, als er sie nach dieser Probe zu bewältigen imstande gewesen wäre. Er zeigt wenig Sinn für szenische Ökonomie und malt mit einer ermüdenden Breite.

Für die liebliche Hanako, der ihre Liebe zu einem amerikanischen Seeoffizier und die Leidenschaft des Schurken Sajino zum Verhängnis wird, hat man sich Barbara Dju verschrieben, die für diese Rolle mehr äußerlich prädestiniert ist. Karl Beckersachs ist ein sympathischer Offizier. Wera Engels sah gut aus.

Gier nach Geld

In der Kamera

Dieses kleine Repertoiretheater Unter den Linden, das schon so manchem alten Film zu neuem Glanz verholfen hat, ist nun auch der Anwalt dieses Stroheim-Filmes, der bei seiner Berliner Uraufführung vorzeitig abgebrochen werden mußte. Von der damaligen Empörung über diese grausam naturalistische Darstellung menschlicher Niederungen ist jetzt nichts zu spüren.

Aber man folgt mit einem niederdrückenden Gefühl dieser Menschenschilderung, die konsequent die Kehrseite gewohnter Schicksale auf der Leinwand bietet. Aber auch einseitig und mit nichtssagenden Symbolen. Stellenweise aber ein aufwühlendes Seelengemälde eines Weibes, in dem die Gier nach Geld alle häßlichen Triebe weckt, packend auch durch die Eindringlichkeit der Darstellung. Es ist keine Erholung, diesen Film zu sehen, aber doch ein Genuß, wenn auch anderer Art als sonst.

Wochenend-Liebchen

In der Schauburg

Was diese Titelbezeichnung mit der Bekehrung eines eingefleischten Junggesellen und Weiberhassers zum solidesten Ehemann zu tun hat, ist schwer zu erraten. In diesen Hundstagen bietet sie gewiß ein verlockendes Aushängeschild. Daß man dann – so hinten herum – in eine ganz andere Sache verwickelt wird, möchte einen beinahe gereuen, wenn sie nicht so heiter und amüsant gemacht wäre. Marie Prevort entfaltet ihren ganzen Charme und ihr sprühendes Temperament, Franklin Pangborn seinen trockenen Humor und Harrison Ford seine große Spielgewandtheit, um leicht und angenehm zu unterhalten.

Kampf im Tal der Riesen

In der Schauburg

Herrlich, diese gigantischen, tausendjährigen Rotholzbäume, an deren mächtigen Stämmen sich die Menschen wir Zwerge aus Liliput ausnehmen, herrlich, diese Urwaldlandschaften, in denen wetterharte Menschen ihr arbeitsreiches Tagwerk vollbringen. Sie bilden einen grandiosen Hintergrund für eine – leider – allzu amerikanische Geschichte zweier verbissener Konkurrenten in der Holzindustrie.

Wir kennen diese umgeschriebenen Gesetze nicht, in denen die Faust entscheidet. Aber es gibt einige Szenen, wie die rasende Talfahrt, die packen, und stellenweise einen Humor, der den üblen Eindruck der ewigen Raufereien wohltuend unterbricht. Angenehme Darsteller, Milton Sils und Doris Kenyon, unterstützen den Regisseur Charles J. Brabin in der Gestaltung eines fremden, aber immerhin interessanten Milieus.

Revolutionshochzeit

Im Schloßhotel von Tronville lagern die Jakobiner, harte, düstere Männer. Liegen in Gruppen auf dürftiger Streu. Zwischen ihnen die Gewehrpyramiden, von denen die Kochkessel herabhängen. Langsam verglimmt das Feuer. Einige Soldaten sind bereits wach, nehmen ein halbes Bad am Schloßbrunnen, vergnügen sich. Da kommt Bewegung in die ganze Gruppe. Drei Reiter sprengen durch das Schloßtor. Ihr Führer übergibt eine wichtige Meldung dem Offizier. Weiter geht es im Galopp, während im Hofe Kommandos ertönen, kurz und scharf – der Tag wird mit blutigem Gericht beginnen. Gericht über einen Verräter.

Eine überaus malerische Szene aus dem Terra-Film »Revolutionshochzeit«, der gegenwärtig auf dem Gelände und im Glashaus der Terra gedreht wird. Das Manuskript stammt von Norbert Falk und Robert Liebmann. Regie führt A. W. Sandberg. In den Hauptrollen sind Fritz Kortner, Göta Ekmann, Diomira Jacobini, Karina Bell und Walter Rilla beschäftigt.

Der Polizeiflieger von Kalifornien

Im Primus-Palast

Marine, Landheer, Militärfliegerei und jetzt auch die Polizei, alles, was mit der öffentlichen Macht zusammenhängt und sie verkörpert, wird von den Amerikanern im Film propagiert. Hätte dieser Film nichts als ein Kriminalfilm sein wollen, er hätte Spannungselemente genug, um zu fesseln. Aber da wurde eine rührselige Geschichte von einem gealterten Polizisten hineinkomponiert, die in ihrer Verwaschenheit vieles verdirbt und selbst die gegen Schluß gehängten Sensationen nicht zur vollen Auswirkung kommen läßt.

Die Regie Emory Johnsons verzettelt sich in Nebenhandlungen, die breit daherlaufen, und es gebricht ihr schließlich an Kraft, den Kampf der Polizei, vertreten durch den alten Polizisten und seinen Sohn, der Polizeiflieger ist, gegen eine Juwelenräuberbande mit dem notwendigen Schwung durchzuführen. Technisch enttäuscht der Film. Auch die Verfolgung des Anführers der Bande im Flugzeug verrät zu stark behelfsmäßige Ateliersarbeit. Dem Schlußkampf im Hause des Juweliers fehlt trotz Explosion, Brand und Einsetzen einer großen Abteilung Feuerwehr jene an die Nerven rüttelnde Steigerung, die sonst in amerikanischen Sensationsfilmen zu sehen ist. Die darstellerischen Leistungen halten sich auf dem gleichen Niveau.

Töne werden gekurbelt

Die Aufnahmen im Atelier

Stellen Sie sich vor, Sie sind in einem Hause zu Gast geladen, erscheinen pünktlich, finden aber verschlossene Türen. So ging es mir neulich mit einem Ateliersbesuch. Ein Diener steht vor der Tür, öffnet sie aber dem Besucher nicht, sondern hält sie fest im Schloß und in den Augen und verwehrt den Eintritt. Denn – ein Sprechfilm wird gedreht.

Und jetzt weiß man es: Töne, Worte und Geräusche dürfen wohl erzeugt, gesprochen und verursacht werden, doch nur soweit, als sie in die Szenen gehören. Hallende Schritte ankommender Gäste waren in der eben gedrehten Szene aber wohl nicht vorgesehen. Also bleibt man draußen, bis eine Pause eintritt.

Dann darf man zusehen, wie Max Mack, der seinerzeit den ersten deutschen Autorenfilm gedreht hat, jetzt – pantomimisch seine Schauspieler mit Kopf-, Hand- und manchmal auch noch mit Fußbewegungen, nur nicht mit dem Mund, lautlos dirigierend – nach dem Tri-Ergon-Verfahren den ersten deutschen Tonfilm kurbelt.

Kurbeln ist der rechte Ausdruck eigentlich nicht, denn der Aufnahmeapparat, viermal etwa so groß wie der gewöhnliche Filmapparat, hat gar keine Kurbel. Ist er eingestellt und alles zur Aufnahme fertig, setzt der Kameramann ihn durch einen elektrischen Kontakt in Tätigkeit, und selbsttätig photographiert der Apparat auf einem rollenden Zelluloidband in parallelen Streifen Bild und Ton – den letzteren durch Umwandlung der Schallwellen in Lichtschwankungen auf elektrischem Wege – so daß beide, Bild und Ton, eine absolute Einheit bilden.

Die Stärke des Tones wird kontrolliert und reguliert durch den Verstärker, einen nicht weniger komplizierten Apparat, der elektrisch mit dem Aufnahmeapparat verbunden ist. Hier thront Joseph Massolle, der Erfinder des Tri-Ergon-Verfahrens und überwacht die Tongestaltung, die eine sorgfältige Ausbalancierung der akustischen Verhältnisse erfordert. Zu diesem Zweck ist auch der jeweilige Raum mehr oder weniger abgedeckt, da der Ton z. B. in der großen Halle anders klingt als in einem Zimmer.

Überall verteilt, dort, wo gerade die Schauspieler agieren, sind versteckt Mikrophone aufgestellt, so daß Ton und Gebärde sich auch der Richtung nach vollkommenen decken. Für den Darsteller, der nicht nur auf sein Mienenspiel zu achten hat, sondern auch auf den Text und sprachlichen Ausdruck, ergeben sich nicht geringe Schwierigkeiten, die eingehende Proben notwendig machen.

Die Handlung dieses ersten Sprechfilms, der etwa 500 Meter lang werden soll, ist ebenfalls von Max Mack erdacht und bietet für die Auswertung von Rede und Geräuschen viele Möglichkeiten. Man erlebt den ganzen Betrieb hinter den Kulissen. Eine Frau (Georgia Lind), die gegen den Willen ihres Mannes (Curt Vespermann) zum Film will, soll eine Szene spielen, stellt sich nicht allzu klug an, hat zahlreiche Rekonters mit dem Regisseur (Paul Graetz) und mit dem Aufnahmeleiter, bis sie schließlich ihre Ungeeignetheit einsieht.

Dialoge, Geräusche beim Szeneaufbau und Filmmusik werden aber erst bei der Wiedergabe den Prüfstein bilden können, wie weit die spröde akustische Materie bezwungen ist. Das weitgediehene Tri-Ergon-Verfahren dürfte aber wohl zu der Hoffnung berechtigen, daß man im Tonfilm einen guten Schritt weitergekommen ist.

Fünfzigmal »Dreigroschen-Oper«

Im Theater am Schiffbauerdamm ist die Dreigroschen-Oper nun schon bis zur 50. Aufführung gekommen. Ihre unverwüstliche Anziehungskraft verdankt sie der Vereinigung von hahnebüchenem Witz mit sozialer Anklage. Kurt Weills Musik hat daran ihren hervorragenden Anteil. Der Bettlerkönig ist jetzt Hans Hermann Schaufuß und seine Tochter Polly Charlotte Ander. Rosa Valetti meisterhaft als »ein Weib wie auserlesen zu Kuppler- und Zigeunerwesen«, wogegen Harald Paulsen ein sehr sympathischer Mörder, Räuber und Gauner ist. Kate Kühl erntet immer wieder ihren Extrabeifall für ihren glänzend pointierten Vortrag. Dem Sheriff von London, der mit dem Gauner Mackie brüderlich halbpart macht, leiht Kurt Gerron tragikomische Weichheit. Es gab zum fünfzigsten Mal ebenso viel Beifall wie zum ersten.

Frühling in Palästina

Vor fünfundzwanzig Jahren öde Wüste und giftiger Sumpf, heute eine Stadt mit 45.000 Einwohnern, mit breiten, schönen Straßen, schmucken Gartenvillen, Schulen, Heilstätten, Fabriken, das zukünftige Seebad des Orients – Tel Aviv. Der zweite starke Eindruck ist Haifa, der Hafen Palästinas, der jetzt großzügig ausgebaut wird. In bunten Bildern ziehen dann die vielen Kolonien vorüber, weite Apfelsinenplantagen, die heute schon einen Ertrag von zwei Millionen Kisten im Jahr liefern, das Hauptausfuhrprodukt, Felder und Wälder.

In harter, mühsamer Arbeit dem sandigen und steinigen Boden abgerungen. Mädchen aus europäischen Bürgerhäusern, Büros und Hochschulen sieht man Straßen bauen, Männer in ihnen früher ungewohnter Landbeschäftigung den Boden kultivieren. Interessant auch die Bilder aus dem Innern Palästinas, von Jerusalem, vom Toten Meer, vom Tiberias-See, von den Stromschnellen des Jordan, die jetzt für die elektrische Kraftgewinnung ausgenutzt werden sollen.

Ein einzigartiges Kulturdokument ist dieser Film, ein Hohelied von Wille und Arbeit. Josef Bal-Eser hat ihn mit viel Geschick gedreht. Der Beifall war enthusiastisch.

Erster Silhouetten-Tonfilm

Wer kennt die kleinen Pinschewer-Filme nicht? Lustige Trickfilmchen, die den eisernen Bestandteil des Vorprogramms vieler Kinotheater bilden. Pinschewer ist jetzt einen Schritt weitergegangen, und seinem Experiment folgte man in der Kamera mit viel Interesse. Es handelt sich um die Verbindung von Reklamefilm mit Tonfilm nach dem Tri-Ergon-Verfahren.

Sehr amüsant die Form, die Pinschewer gewählt hat. Er hat Lotte Reininger den Silhouettenfilm abgeguckt und innerhalb von sieben Monaten bei 70.000 Einzelaufnahmen ein Filmchen von 250 Meter frei nach Andersen geschaffen: »Die chinesische Nachtigall«. Der Inhalt läuft auf eine Werbung für den Tri-Ergon-Film hinaus. Allerdings, dieser macht noch immer einige Übertragungsschwierigkeiten, trotz schöner Fortentwicklung. So mußte der Text zur Handlung noch von der metallisch klingenden Stimme eines Ansagers geliefert werden, weil eine Zwiesprache zeitlich mit den bewegten Bildern nicht zu erreichen war. Immerhin, diese und andere Proben zeigen, daß auf diesem Gebiet viel zu erreichen ist.

Ein Marineschwank soll der Film »Fräulein Fähnrich«, der jetzt im Primus-Palast läuft, sein. Die drei Verfasser scheuten sich nicht, die plattesten Albernheiten an witzlosen Situationen und situationslosen Witzen mit ihrem Namen zu verantworten. Höchstes Maß von Wohlwollen: Schweigen über sie und das, was sie verbrechen. Mary Parker, Fritz Schulz und die ganze große Schar der Episodisten, die so niedlich und so dämlich tun mußten, konnten einem leid tun. Und das Publikum, das sich das mitansehen mußte, auch.

Was eine Frau im Frühling träumt

In den Bavaria-Lichtspielen

Wovon träumt eine kleine Stenotypistin, denn um eine solche muß es sich natürlich wieder einmal handeln, im Frühling? Ebenso natürlich, daß plötzlicher Geldsegen, schöne Kleider, Nizza, galantes Abenteuer, berühmter Filmstar die Summe aller Traumwünsche sind. Wenn da noch einige schmerzliche Abstriche gemacht werden müssen, ergäbe das ein hübsches Spiel – dachten sich Hans Bietzke und Curt Blachnitzky. Aber was sie aus dem Schlagerlied von Walter Kollo heraushörten an Geschehen und Stimmungen, ist wenig originell und nicht flüssig genug erzählt, um stärker zu interessieren.

Die Regie Blachnitzkys ist auch zu wenig rhythmisch. Der ganzen Sache fehlt ein bißchen Sonne, mangelt eben der Frühling. Colette Brettel sieht sehr nett aus, leidet aber unter der Temperamentslosigkeit der Führung wie auch Ernst Rückert, der Film-Liebhaber im Film. Für einige Heiterkeit sorgen Curt Vespermann und Julius Falkenstein.

»Bühne der Jugend?«

Ob wohl die Jugend, die *Schauspielschülerschaft des Deutschen Theaters,* mitgewirkt hat bei der Wahl des Stückes, das gestern auf der Probebühne der »Kammerspiele« vorgestellt wurde? Hoffentlich nicht! Dieses Schauspiel »Jung Woodley« des John van Druten kokettiert wohl mit der Jugend, mit jugendlichem Empfindungsglanz und der reinen Torheit wundervoll-jugendlicher Denkweise, im Kern aber ist es versäuert von Bescheidwissen und altkluger Lebensgewandtheit. Es ist dabei geschickt gemacht, der Dialog ist gut geölt und manche Pointe beweist die Präzisionsarbeit.

Es dreht sich um die alte, ewig neue Geschichte, wie ein netter Junge, der von Hause aus durchaus nicht prädestiniert ist, zu tragischem Erleben, bei seinen ersten Schritten in den vermeinten Erwachsenen-Himmel um ein Haar lebensgefährlich stolpert. Und wäre Jung Woodley doch ...! Gold, Schauspiel wäre immer noch sympathischer gewesen, als das einer flinken Bekehrung von Schwärmerei zu resignierendem Bürgertum. Hans-Joachim Moebis in der Titelrolle, Franziska Benthoi als sein Idol und Gustav Specht, ein angehender jugendlicher Komiker könnten sich zu Schauspielern entwickeln, wenn sie in guten Händen bleiben.

Spaziergang durch die Ateliers. Man dreht stumme Filme

Sprengbagger im Terra-Glashaus

»Sprengbagger 1010« hat Dr. Dulsberg-Achaz seinen neuen Film genannt, den er selbst – ein erster Versuch – dreht. Hans v. Wolzogen steht ihm dabei als Produktionsleiter, v. Schwertführer als Kameramann zur Seite. Die Abplanierung der Erde durch die Ausbreitung der Industrie bildet die stoffliche Grundlage. In der eigentlichen Spielhandlung, die dem Film die erforderlichen Absatzmöglichkeiten sichern soll, sind beliebte Darsteller beschäftigt, in erster Reihe die schöne Viola Garden und Ilse Stobrava sowie Heinrich George und Kowal-Samborsti.

Marlene Dietrichs Nachtflug

Auf dem Staakener Felde steht breit, grau, massiv – violett von dem Lichte der Scheinwerferkegel beglänzt – ein Flugzeug. Auf der Tragfläche und auf dem Rumpf liest man die Ziffer D 1231. Kein gewöhnliches Flugzeug also – es ist die Maschine, die einen Rekord aufgestellt hat: sie hielt sich ihre fünfundsechzig Stunden in der Luft.

Was tut sie nun hier auf dem Staakener Flugplatz …? Sie folgt dem Diktat einer filmischen Handlung – spielt mit in dem Film der Max-Glaß-Produktion, die das »Schiff der verlorenen Menschen« dreht und gerade bei dem Punkte hält, an dem Marlene Dietrich zu dem Nachtflug startet, der sie von dem Ballsaal wegholt, um sie in die Einsamkeit des Ozeans zu hetzen: die Nachtaufnahme zeigt den Abflug, der unermüdlich immer wieder neu geprobt und schließlich dann gekurbelt wird. Brav, treu und ohne Mucken spielt die Flugmaschine mit … sie weiß wahrscheinlich, daß am Ende des Rekordes ein Sieger sich filmen zu lassen hat; sie unterzieht sich also dem mit Ehrbarkeit und gutem Anstand.

Der neue Henny-Porten-Film

Vor ein paar Monaten hatte ein eigenartiger Fall von Sehnsucht nach Mutterschaft eine Frau dazu getrieben, ein fremdes Kind zu stehlen. Henny Porten hatte den Bericht in der »B.Z.« gelesen, und nun ließ sie dieses Thema nicht mehr los, sie spann das Motiv weiter, Raff und Urgiß schrieben das Manuskript zu dem Film, den sie jetzt unter Georg Jacobys Regie dreht. Ihre Szenen, die man in Staaken sah, erschüttern: Schlicht, herzlich, Tränen, echte Tränen, im eigenen Erleben zuckt ihr der Mund, suchend greifen ihre Hände das Kind, ein Filmkind von überraschender Begabung, die kleine Inge. Seine Eltern spielen Elisabeth Pinajeff und Ernst Stahl-Nachbaur.

Dieterle filmt wieder

Wilhelm Dieterle, der von Bühne und Leinwand lange Zeit völlig verschwunden schien, ist wieder im Atelier bei neuer Filmtätigkeit zu sehen. Er spielt, nach einem Drehbuch seiner Gattin Charlotte Hagenbruch, die Hauptrolle in »Frühlingsrauschen – Tränen, die ich dir geweint« mit Lien Dyers, Vivian Gibsos und Elsa Wagner unter eigener Regie.

Experimentier-Filme

Als erstes deutsches Filmstudio wurde unter Leitung von Moritz Seeler, Robert Siodmak, Edgar Ulmer das »Film-Studio 1929« gegründet. Das »Film-Studio 1929« wird, unabhängig von allen Bedingungen der Industrie, auf genossenschaftlicher Grundlage Experimentierfilme herstellen. Das Studio beginnt seine Arbeit mit dem Film »Sommer 29«. Der Film ist ausschließlich mit Nichtschauspielern besetzt.

Das neue Ufa-Programm 1929–30

Die neue Ufa-Produktion umfaßt zwanzig Großfilme, die zum größeren Teil als Ufa-Ton-Filme hergestellt werden. Es ergibt sich die Notwendigkeit, für sämtliche Ufa-Ton-Filme vollständig unabhängige stumme Fassungen zu drehen, d. h. es werden für diese Filme viele Hunderte von Metern gedreht, die in die Tonfilmfassung nicht aufgenommen werden, aber hergestellt werden müssen, um den Theatern, die keine Tonfilme spielen können, einen erstklassigen stummen Film zu liefern. Andererseits werden die stummen Filme für die Theater, die zur Tonfilm-Wiedergabe ausgerüstet sind, eine aus Musik, Geräusch und Toneffekten bestehende Tonfilm-Unterhaltung erhalten.

Die reichste Frau der Welt

Dieses französische »Reiseabenteuer in zwei Weltteilen« ist gründlich mißglückt. Man kommt nicht einmal zu einem Genuß der reizvollen ägyptischen Landschaft und der alten Kulturdenkmäler, denn die Photographie ist sehr mangelhaft. Über den Inhalt, der Kitsch in Reinkultur darstellt, über die Regie (M. Bandal und Ch. Delac), die ihn mit umständlicher Liebe gezüchtet hat, über Lee Parry – o du Schmerzensreiche! – soll besser der mildtätige Schleier des Schweigens gebreitet werden.

Das verschwundene Testament

In den Kammerlichtspielen

Wenn Carlo Aldini als Detektiv hinter einer Sache her ist, nach zwei Fronten kämpfend, vor sich die Vagabunden, hinter sich die Polizei, die ihn natürlich für den Verbrecher hält, dann ist immer Spannung, Sensation da. Verfolgung, Überfall, Flucht, hetzende Jagd – wilde Abenteuer, die er mit fabelhaftem Elan und verblüffender akrobatischer Gewandtheit besteht. Ein ganzer Kerl!

Rolf Randolph, Manuskriptverfasser (mit Dr. Emanuel Alfieri) und Regisseur, durfte sich darauf beschränken, Aldini die Stichworte zu geben und ihn in die rechte Position zu bringen. Das ist ihm auch ausgezeichnet gelungen. Es ist Schmiß in der Sache. Auch für gesunden Humor ist mit der köstlichen Helferfigur gesorgt, die Siegfried Arno mit erschütternder Komik ausstaffiert. Sehr nett auch Daisy d'Ora. Hans Junkermann, Jack Mylong-Münz und J. W. Speerger vervollständigen das spielfreudige Ensemble. Es gab reichen Beifall.

Der »Fliegende Teufel«

Im Ufa-Pavillon

Und wenn sie noch so roh gezimmert sind, diese Geschichten aus Wild-West, von schurkischen Verwaltern, raubgierigen Nachbarn und rohen Wegelagerern; und wenn, was sich da begibt, noch so naiv ausgedacht ist bis zum guten Ende, diese Prärie-Filme haben es in sich. Sie sind, wenn sie mit solcher Routine und mit solchem Elan heruntergekurbelt werden, wie es hier Arthur Russon fertiggebracht hat, von entwaffnender und mitreißender Wirkung. Zumal, wenn für den Hauptakteur ein Teufelskerl wie Hoot Gibson zur Verfügung steht, dem an Fixigkeit nicht bald einer gleich kommt. Und er hat dabei auch einen bezwingenden Humor. Ruth Elder, die Ozeanfliegerin, führt sich im Film nicht übel ein. Es gab reichen Beifall.

Männer ohne Beruf

Im Ufa-Palast am Zoo

Harry Piel hinter Mädchenhändlern! Ein Tausendsassa, der den üblen Gesellen arg mitspielt und sie durch die winkligen Gäßchen und Schlupfwinkel Marseilles hetzt, daß es eine Lust ist.

Robert Liebmann ist ihm dabei ein ausgezeichneter Führer durch das Labyrinth verschlungener Pfade eines interessanten, spannenden und an humorvollen Zwischenfällen reichen Detektiv-Abenteuers. Und Harry, gewiegter Praktiker, versteht sich darauf, wie man solche Sachen in Szene setzt. Mit Schmiß und Witz, fesselnd und unterhaltsam.

Als Darsteller ist Piel so liebenswürdig wie je. Da neben ihm Dary Holm sich sehr apart zeigt und der große Stab der übrigen Darsteller, unter ihnen hervorstechend der heitere Albert Paulig und die begabte Edith Meinhard, ihn aufs beste unterstützt, war der Erfolg stark und ehrlich.

Nummer 15

20 Pfennig

Wohnungs-Tausch

Anzeiger für das Reichsgebiet

Offizielles Organ, herausgegeben im Auftrage der Kommunalen Vereinigung für Wohnungswesen (Vereinigung deutscher Wohnungsämter)

Berlin, Sonnabend, 13. April 1929

Von wo aus soll getauscht werden?

Laubenkolonie

Im Primus-Palast

Ein Tonfilm-Schwank. Berliner Milieu, nicht immer farbecht, aber mit Humor geschaut und lustig durchgeführt. Franz Rauch und Max Obal, der zugleich eine herzhafte, flotte Regie führte, haben sich in den Laubenkolonien mit offenen Augen umgeschaut und manches hübsche Intermezzo festgehalten. Eine nette, unsentimentale Liebesgeschichte und der wenig bekömmliche Ausflug eines alten Witwers in die zweite Ehe mit einer Chansonettensängerin halten die leicht auseinanderstrebende Szenenfolge zusammen.

Das Publikum hatte für den netten Klamauk viel Verständnis und amüsierte sich um so ausgezeichneter, als die Darsteller mit Lust und Laune bei der Sache waren. Fritz Kampers stellte wieder einen derben, handfesten Naturburschen dar, Camilla Spira, die man viel zu wenig im Film sieht, ein liebes sympathisches Mädel. Hermann Picha und Erika Gläßner, das mißratene Ehepaar, Julius Falkenstein und Hermann Schaufuß sorgten für Humor, auch aus eigenem, wo die Szene nichts hergab.

Susanne macht Ordnung

Im Atrium

Eine Posse, mit ein bißchen Gesang, ein bißchen Tanz und viel Humor. Fazit: zufriedene Gesichter, starker Beifall, ein Erfolg, über den man besondere Genugtuung empfindet, weil es sich um zwei »Erstlinge« handelt, die sich mit dieser Premiere recht vorteilhaft eingeführt haben. Der Autor-Regisseur Eugen Thiele und sein Mitautor Wolfgang Wilhelm zeigen zwar wenig Originalität in der Handlungsführung, beleben sie aber mit einer erfrischenden, trefflich pointierten Situationskomik.

Thiele hat auch das flotte Tempo, mit dem solche, ganz auf Unterhaltung gestellte Harmlosigkeiten her-

untergekurbelt werden müssen, und die Darsteller folgen ihm willig und mit Lust und Laune. Voran Szöke Szakall, Rechtsanwalt in tausend Nöten, der seinen besten Tag hatte. Gleich ihm Väter wider Willen – Truus von Aalten ist sehr munter auf der Suche – die humorvollen Kurt Lilien und Martin Kettner, während der wirkliche Vater, Albert Pautig, sich dezent im Hintergrund hält, und Max Ehrlich mit gelassener Ruhe die Fäden eines kleinen Intrigenspiels zieht. Der Liebhaber ist bei Franz Lederer gut aufgehoben.

Nachwort

»Extrablatt«: der Reporter Billie Wilder

Richard Wiener (Wien)
Richard Wiener
Billie Wilder
Julian.
Billie.
-der.
-r.-r.
-r.
(Kürzel und Pseudonyme des Reporters Billie Wilder)

Amerika hat den Reporter erfunden. Er wurde an der Schwelle zum 20. Jahrhundert der erste wirkliche Feldforscher der Großstadt, ihr sezierender Ethnologe und »urbaner Kundschafter« (Rolf Lindner) zugleich. Anders als dem Flaneur war dem »City Editor« – wie er sich damals noch nannte – jedes elitäre Pathos der Distanz fremd, er agierte notorisch neugierig als interessegeleiteter Spürhund im Dickicht der Städte. Ob undercover oder im Rampenlicht der Öffentlichkeit – der Reporter suchte auf dem Jahrmarkt der Eitelkeiten, im Labyrinth der Leidenschaften und Tragödien, an den Kultstätten der Zerstreuung oder im Getriebe des Alltags unermüdlich seine großen und kleinen Stories. Er war Jäger, Sammler, Schnüffler, Chronist, Analytiker, Enthüller, Ankläger, Anwalt – von morgens bis mitternachts.

Das Bild vom »rasenden Reporter« (Egon Erwin Kisch) veranschaulicht den Kulminationspunkt eines Journalismus, der vom Kosmopolitismus, dauerndem

Nachrichten- und Ereignisfluß des schnellen, hektischen und facettenreichen Großstadtlebens profitiert. Der Reporter neuen Typs, wie er von New York und Chicago in die Zeitungsmetropole Berlin kommt, ist in seinen kreativen Ausprägungen ein perfekter Rollenspieler, der die Objekte und Subjekte seiner publizistischen Begierde nicht nur kennt, sondern mit ihnen und in ihren Milieus lebt. Stellvertretend für ein auf News, Stories und Sensations abonniertes Lesepublikum, präsentiert er von der Bühne metropolitaner Geschäftigkeit Charaktere und Geschichten, er offenbart Geheimnisse, Abgründe, Innenansichten, er dokumentiert, und er zeugt Neuigkeiten. Die Stadt ist des Reporters unerschöpflicher Materiallieferant und zugleich seine dauernde Erfahrungs- und Projektionsfläche.

Von solcher Art war auch Billie Wilder. Daß er als klassischer Reporter für alles und jeden begann, stellte sich in nachhinein als wahrer Glücksfall dar. Denn bevor Billie Wilder 1933 nach Amerika gehen mußte und Billy Wilder wurde, hatte er längst ein wesentliches Stück amerikanisches Handwerk gelernt – in der amerikanischsten aller europäischen Metropolen: in Berlin. Seine Lehrjahre in der Wiener Heimat, besonders die Übungen zur Kunst des Interviews, waren zwar ein gutes Fundament, aber erst im »Spree-Chicago« (Mark Twain) ab 1926 vermochten sich die Talente des jungen Reporters voll zu entfalten.

Auf dem grenzenlosen Beobachtungsfeld der pulsierenden Metropole der zwanziger Jahre schulte er Sinne, Wahrnehmung und kombinatorische Einbildungskraft: den präzisen Blick für alltägliche Details; das Gespür für Situationen und Abläufe; die Sensibilität für menschliche Verhaltensweisen; die abgelauschte Kunst des pointierten Dialogs; das kühle Inventarisieren von Charakteren, Physiognomien, Ereignissen, Szenerien; das nüchterne Interesse für zwischenmenschliche Konstellationen; das spezifische Feingefühl für Rhythmus, Eigendynamik und Dramaturgie des alltäglichen Wahnsinns. Ohne Theorie und Ideologie, ist jener »City Editor«, wie ihn auch Billie Wilder verkörperte, tendenzlos seiner Weltanschauung und Phantasie auf der Grundlage des faktisch Vorhandenen verpflichtet.

Wilder und die bedeutenden journalistischen Zeitgenossen jener Jahre verstanden den Realismus als interpretatives Verfahren. So gelangen ihnen in Sozialreportagen, Portraits der kleinen und großen Leute oder kritischen Miniaturen schlaglichtartige Erhellungen des Zeitgeistes von oft literarischer Qualität. Keine der hier zusammengetragenen Reportagen, Feuilletons und Kurzkritiken Billie Wilders erhebt Anspruch auf Ewigkeitswert: Diese Arbeiten waren auf dem publizistischen Umschlagplatz der Weimarer Republik zu raschem Verbrauch bestimmt. Und doch spiegeln ihre lebensweltlichen Ausschnitte und Mikrokosmen mehr Realität und Wahrheit als viele soziologische Analysen oder literarische Gesellschaftspanoramen. Der Reporter-Blick hinter die Kulissen der »roaring twenties« bietet Einsichten in Mentalität und soziale Befindlichkeit der Epoche.

Billie Wilders journalistisches Meisterstück ist »Herr Ober, bitte einen Tänzer! Aus dem Leben eines Eintänzers« von 1927. Diese autobiographische Reportage enthält nicht nur für heutige Filmkritiker im Rückblick bereits die stilprägenden Ingredienzien des späteren

Drehbuchautors und Hollywood-Regisseurs Billy Wilder: vordergründig sachlich-kalte Schilderung und lapidaren Duktus. Der feinfühlige Sinn für »sprechende« Einzelheiten und Kleinigkeiten, die perfekte Dramaturgie der Szenen und der geschickte Gesamtaufbau des Sujets verraten den professionellen Techniker. Hier wird nicht Kunst im literarischen Verständnis vorgeführt, die Artikelserie dokumentiert unprätentiös in gereihten Episoden die immer wiederkehrende Banalität großstädtischen Nachtlebens. Das Exotische entlarvt sich fast beiläufig als matter Schein, das Sichtbare ist nicht das Offensichtliche. Groteske und bitterböser Witz sind der routinisierten Vergnügung gleichsam als Grundsubstanzen eingegeben: »Es ist kein leichtes Brot«, seufzt das Erzähler-Ich erschöpft. Das gilt für den Eintänzer wie für den Reporter Billie Wilder. Denn unterm Strich verbirgt sich hinter der Maske des (selbst-)ironischen Chronisten die Melancholie der Einsamkeit und die Angst des Verlierers.

Wer die Wirklichkeit so beim Wort nimmt, ist mehr als ein sachlich-unberührter Beobachter. Wer so viel Freude am Wort- und Sprachspiel hat, der kann nur als Meister des Doppelbödigen enden. Und wer so viel Wirkliches sieht, der bleibt tief in seinem Herzen ein heimlicher Moralist: »Alles kann unkenntlicher Beginn, alles kann schreckliches Schicksal sein«, heißt es schön lapidar im Feuilleton »Schicksalstag«. Die wahren Tragödien schreibt das Leben, und entsprechend unermüdlich durchforstet der Reporter Billie Wilder den Alltag der zwanziger Jahre. Denn: »nichts Sensationelleres gibt es in der Welt als die Zeit, in der man lebt!« (Egon Erwin Kisch). Den Menschen, denen er dabei begegnet, widmet er einfühlsame Portraits. Es gelingen Billie Wilder subtile Zeitaufnahmen von Helden, die eigentlich keine sind – wie später in seinen Filmen. Schon der kaum Zwanzigjährige brachte nach eigenem Bekunden die besten Voraussetzungen für einen investigativen Menschenzeichner mit: »Ich war schnoddrig, platzte vor Ungestüm, hatte ein Talent zum Übertreiben und war überzeugt, daß ich in kürzester Zeit lernen würde, schamlose Fragen ungehemmt zu stellen«, diktiert Billy Wilder seinem Biographen Hellmuth Karasek. Standfestigkeit bis zur Penetranz, die unermüdliche Aufdringlichkeit des Berufsreporters gehörten zu den lebensnotwendigen Niederungen des Broterwerbs. Aber das war eben nichts alles.

Ein Geschichtenerzähler von großer Phantasie- und Schöpferkraft war Billie Wilder nicht erst als Filmregisseur, das hob ihn frühzeitig vom Heer der Zunft ab. Die unverkennbare Handschrift erwuchs aus seiner sicheren Wahrnehmung des Wesentlichen am einzelnen Menschen. Das beweist er an der B.Z.-Zeitungsfrau ebenso wie am großen Clown Grock oder in Nachrufen auf Kollegen und Freunde – etwa Alfred Klaar und Klabund. Mikroskopisch genau und mit spürbarer Anteilnahme durchdringt er die Physiognomie der Portraitierten, gewährt einen kurzen Blick ins Innere – so, wenn er auf dem Gesicht der ältesten Berlinerin für einen Moment verweilt: (...) doch aufgeweckte kleine Augen streichen den Eindringling und sehen ihn an, als wollten sie sagen, ich freue mich, daß du dich freust, daß ich heute den 100. Geburtstag habe.«

Nicht ohne Koketterie betont der alte Billy Wilder immer wieder, daß Glamour und vor allem Geld die Triebfedern seiner journalistischen Profession waren. Das stimmt, für die ersten Wiener Jahre und erst recht für die Berliner Zeit, wohin ein Gastspiel des Jazz-Meisters Paul Whiteman den jungen Reporter Billie Wilder geführt hatte. Nirgends werden Tempo und prosaischer Gebrauchswert der Journalistenleistung deutlicher dokumentiert als in den Dutzenden von Kurzberichten zu einer rasch produzierenden, auf schnellen Umschlag ihrer Werke angewiesenen Filmindustrie. Billie Wilder war fleißig, schrieb wie am Fließband über Filme, die, heute längst vergessen, zur populären Massenware von damals gehörten. Anschauung schult, und es war so manch »hübscher Abend« dabei. Auf wenigen Zeilen kommt der Filmkritiker Wilder mit trockenem Witz und treffsicherer Sachlichkeit (»Wera Engels sah gut aus.«) zum Urteilsspruch, der auch beim Verriß frei von Arroganz gegenüber Kolportage und Trivialität ist: »Und wenn sie noch so roh gezimmert sind, diese Geschichten aus Wild-West, von schurkischen Verwaltern, raubgierigen Nachbarn und rohen Wegelagerern; und wenn, was sich da begibt, noch so naiv ausgedacht ist bis zum guten Ende, diese Prärie-Filme haben es in sich«, notiert Wilder 1929 stellvertretend für alle filmischen Wonnen der Gewöhnlichkeit.

Billie Wilder war in Berlin Reporter des Ullstein Verlags. Von einem eher unglücklichen Intermezzo beim renommierten »Berliner Börsen Courier« als Nachtredakteur (April bis Dezember 1927) abgesehen, schrieb er für den Boulevard, zuvörderst die »B.Z.« und »Tempo«. Hier war der Reporter für alle Lebenslagen gefragt, nur der »Börsen Courier« und Ullsteins epochemachendes Zeitgeist-Magazin »Der Querschnitt« boten ihm die publizistische Plattform für das klassische Feuilleton der zwanziger Jahre. Beide Genres beherrschte Billie Wilder. In Reportage und Feuilleton hatte er den Umgang mit Sprache und Wörtern gelernt, das Geschichtenerzählen erprobt und perfektioniert. Das kam dem bereits in Berlin erfolgreichen Drehbuchautor (u. a. »Menschen am Sonntag«; »Emil und die Detektive«) zugute, das ließ auch den Filmregisseur nicht mehr los: »Die Wörter haben für den ehemaligen Journalisten Wilder eine besondere, fast materielle Qualität. Sie sind das einzige Vehikel, mit dem er seine Helden den beengten Verhältnissen und verkrusteten Strukturen entkommen läßt. Die Wörter sind es, die seinen Filmen jene Leichtigkeit, Eleganz, den typischen Schliff verleihen, denn Wörter können schneller fliegen, eleganter gleiten und kreisen als jede Kamera. Wörter als Katalysatoren für Bilder.« (Claudius Seidl)

Der vorliegende Band ist eine repräsentative Auswahl, die sich auf drei Schwerpunkte seines journalistischen Schaffens sowie die Jahre 1927 bis 1930 konzentriert. Nach 1930 stehen Drehbuchaufträge für Billie Wilder im Vordergrund.

Die Reportagen, Feuilletons und Kritiken sind innerhalb der Kapitel chronologisch geordnet, Lautstand und Interpunktion blieben erhalten.

Der Herausgeber dankt Billy Wilder für sein Vertrauen und die Druckerlaubnis sowie dem Freund Willy Egger für engagierte Vermittler- und Botschafterdienste zwischen Berlin und Beverly Hills. Cordula Jaenicke hat durch unermüdlichen Einsatz die publizistischen Fundstücke aus diversen Zeitungsarchiven wieder zugänglich und lesbar gemacht, das verdient Dank und besondere Anerkennung.

Berlin, im Oktober 1996
Klaus Siebenhaar

Quellennachweis

I. Extrablatt
Reportagen und Feuilletons aus dem wirklichen Leben

»Herr Ober, bitte einen Tänzer!« Aus dem Leben eines Eintänzers, Ich suche Stellung, Der erste Tag im Hotel, Die Kollegen, Der tägliche Dienst: B.Z. am Mittag vom 19., 20., 22. und 24. Januar 1927; *Hier kam Christoph Columbus zur Alten Welt:* Berliner Börsen Courier (BBC) vom 3. April 1927; *Die Kunst der kleinen Kniffe:* BBC vom 1. Mai 1927; *Naphthalin:* BBC vom 13. Mai 1927; *Nur keine Objektivität!:* BBC vom 20. Mai 1927; *Bei 29 Grad:* BBC vom 1. Juni 1927; *Schicksalstag:* BBC vom 4. Juni 1927; *Perfekter Optimist gesucht:* BBC vom 3. Juli 1927; *Renovierung:* BBC vom 13. Juli 1927; *Warum riechen Streichhölzer nicht mehr so?:* BBC vom 10. August 1927; *Die Rose von Jericho:* BBC vom 19. August 1927; *Kleine Wirtschaftslehre:* BBC vom 21. August 1927; *Filmterror:* BBC vom 1. September 1927; *Bei den Wiener Optimisten:* BBC vom 8. November 1927; *Berliner Rendezvous:* BBC vom 13. November 1927; *Nächtliche Spazierfahrt über Berlin. Wie man den deutschen Nachtflugverkehr organisiert:* BBC vom 6. Dezember 1927; *Durst-Konjunktur. Was in diesen Tagen getrunken wird:* B.Z. vom 18. Juli 1928; *Wir Berliner sind neugierig! Und wollen diese Fragen beantwortet haben:* B.Z. vom 18. August 1928; *Konflikt: City-Ausschuß, Regierung und Berlin. Studienreise nach Paris und London vereitelt. Ministerpräsident und Oberbürgermeister verbieten Beteiligung von Beamten:* B.Z. am Mittag vom Donnerstag 18. Oktober 1928; *Berlin im Matsch. Vollkommenes Versagen der Straßenreinigung – Die Nachtarbeit ist zu teuer – 300 Schneepflüge im Schuppen:* B.Z. am Mittag, vom Donnerstag 13. Dezember 1928; *Besondere Straßenbahndämme – eine Verschwendung. Gegen die Uniformierung der Straßen:* B.Z. vom 13. März 1929; *Wir vom Filmstudio 1929:* Tempo vom 23. Juli 1929; *Wie wir unseren Stu-*

dio-Film drehten: Der Montag Morgen vom 10. Februar 1930; *Bücher an den Mann bringen:* Der Querschnitt, Heft 2, März 1930; *Wie ich Zaharoff anpumpte:* Der Querschnitt, Heft 3, März 1933.

II. Menschen am Sonntag
Portraits von großen und kleinen Leuten

Chaplin II. und die Andern in der Scala: BBC vom 10. Mai 1927; *Der Mann, der ähnlich sieht:* BBC vom. 14. Juni 1927; *Minister zu Fuß:* BBC vom 7. Juli 1927; *Der Prinz von Wales geht auf Urlaub:* BBC vom 31. August 1927; *Interview mit einer Hexe. Der jüngste Frauenberuf:* BBC vom 23. Oktober 1927; *Bei Grock – dem Mann, der die Welt lachen macht!:* BBC vom 2. November 1927; *Zehn Minuten mit Schaljapin:* BBC vom 12. November 1927; *Claude Anet in Berlin:* BBC vom 25. November 1927; *Bei der ältesten Berlinerin:* BBC vom 9. Dezember 1927; *Felix Holländer zu seinem 60. Geburtstag:* B.Z. am Mittag vom 31. Oktober 1927; *Der Senior der Berliner Kritik. Zum Tode Alfred Klaars:* B.Z. am Mittag vom 5. November 1927; *Die B.Z.-Frau und der deutsche Kronprinz:* Der Querschnitt, Heft 2, Februar 1929; *Stroheim, der Mann, den man gern haßt:* Der Querschnitt, Heft 4, April 1929; *Über einen Pokerkünstler.* Der Querschnitt, Heft 6, Juni 1929; *»Hallo, Herr Menjou?« Er spricht ein reizendes Deutsch – Seine Mutter stammt aus Leipzig:* Tempo vom 5. August 1929; *Vor einem Jahr starb Klabund. Der Dichter und der Eintänzer:* Tempo vom 12. August 1929.

III. Eins, zwei, drei
Film- und Theaterkritiken – schnell, kurz, prosaisch

Ehekonflikte. Im Primus-Palast: B.Z. am Mittag vom 3. Juni 1927; *Eichberg dreht:* B.Z. am Mittag vom 7. Juni 1927; *Der Bettler vom Kölner Dom. Im Emelka-Palast:* B.Z. am Mittag vom 30. August 1927; *Pat und Patachon am Nordseestrand. Im Emelka-Palast:* B.Z.

am Mittag vom 9. September 1927; *Funkzauber im Phoebus-Palast:* B.Z. am Mittag vom 4. Oktober 1927; *Frost im Atelier. Ein Bad bei 7 Grad Kälte:* B.Z. am Mittag vom 29. November 1927; *Pat und Patachon. Im Beba-Palast:* B.Z. am Mittag vom 9. März 1928; *Der Geliebte seiner Frau. Im Marmorhaus:* B.Z. am Mittag vom 30. März 1928; *Aus den Ateliers:* B.Z. am Mittag vom 8. Mai 1928; *Eine Nacht in Yoshiwara. In der Schauburg:* B.Z. am Mittag vom 6. Juli 1928; *Gier nach Geld. In der Kamera:* B.Z. am Mittag vom 10. Juli 1928; *Wochenend-Liebchen. In der Schauburg:* B.Z. vom 17. Juli 1928; *Kampf im Tal der Riesen. In der Schauburg:* B.Z. vom 27. Juli 1928; *Revolutionshochzeit:* B.Z. vom 31. Juli 1928; *Der Polizeiflieger von Kalifornien. Im Primus-Palast:* B.Z. vom 3. August 1928; *Töne werden gekurbelt. Die Aufnahmen im Atelier:* B.Z. vom 21. August 1928; *Fünfzigmal »Dreigroschen-Oper«:* B.Z. am Mittag vom 22. Oktober 1928; *Frühling in Palästina:* B.Z. am Mittag vom 11. Dezember 1928; *Erster Silhouetten-Tonfilm:* B.Z. vom 5. März 1929; *Was eine Frau im Frühling träumt. In den Bavaria-Lichtspielen:* B.Z. vom 2. April 1929; *»Bühne der Jugend?«:* B.Z. vom 18. Mai 1929; *Spaziergang durch die Ateliers. Man dreht stumme Filme:* B.Z. vom 21. Juni 1929; *Das verschwundene Testament. In den Kammerlichtspielen:* B.Z. vom 9. Juli 1929; *Der »Fliegende Teufel«. Im Ufa-Pavillon:* B.Z. vom 13. August 1929; *Männer ohne Beruf. Im Ufa-Palast am Zoo:* B.Z. vom 14. August 1929; *Laubenkolonie. Im Primus-Palast:* B.Z. vom 25. Oktober 1930; *Susanne macht Ordnung. Im Atrium:* B.Z. vom 21. November 1930.

Abbildungen:

Der Abdruck der Werbeannonce auf S. 112 erfolgt mit freundlicher Genehmigung der Leiser GmbH & Co. KG Berlin; S. 182 und 198 De Lura, aus: Der Querschnitt. »Das Magazin für Ewigkeitswerte« 1924–33. Berlin 1981 © by Ullstein Verlag GmbH & Co. KG, Berlin.

Sämtliche Abbildungen wurden Berliner Publikationen, zumeist Tageszeitungen, der zwanziger und dreißiger Jahre entnommen.

Biographische Notiz

Billy (eigentlich Samuel) Wilder kam am 22. Juni 1906 als Sohn jüdischer Eltern im österreichischen Sucha/Galizien zur Welt. Seine Mutter entstammte einer Hotelbesitzerfamilie, sein Vater besaß eine Kette von Bahnhofsrestaurants. Seiner amerikabegeisterten Mutter, die als junges Mädchen einige Zeit in New York City verbracht hatte, verdanken Wilder und sein Bruder die Rufnahmen »Billie« und »Willy«.

1914 zieht die Familie nach Wien, wo Billie ein Realgymnasium besucht und im September 1924 an der Universität ein Jurastudium beginnt. Nach drei Monaten bricht er sein Studium ab und verdient fortan sein Geld als Interviewer, Sport- und Kriminalreporter für die Zeitungen »Die Stunde« und »Die Bühne«. 1926 lernt Wilder den amerikanischen Band-Leader Paul Whiteman kennen und begleitet ihn nach Berlin. Hier arbeitet Wilder als freier Mitarbeiter zahlreicher Tageszeitungen und Zeitschriften, darunter der »Berliner Börsen-Courier«, »B.Z. am Mittag«, »Tempo« und »Der Querschnitt«. Daneben betätigt er sich als Ghostwriter für Stummfilmautoren und verfaßt zahlreiche Drehbücher.

Der Stummfilm »Der Teufelsreporter« aus dem Jahr 1929 nennt Billie Wilder erstmals als Drehbuchautor. Im selben Jahr verfaßt er für den Regisseur Robert Siodmak das Drehbuch zu dessen Erfolgsfilm »Menschen am Sonntag«. Bis 1933 folgen weitere Drehbücher, bevor Wilder unmittelbar nach dem Reichstagsbrand Deutschland verläßt und über Paris in die Vereinigten Staaten emigriert. Dort arbeitet er mehrere Jahre mit dem Schriftsteller Charles Brackett zusammen, vor allem für Ernst Lubitsch. Er ist beteiligt an den Drehbüchern so berühmter Filme wie »Blaubarts 8. Frau« (1938), »Ninotchka« (1939) und zahlreichen anderen. 1942 übernimmt der Drehbuchautor zum ersten Mal die Regie in »Der Major und das Mädchen«.

1945 kommt Wilder, der sich seit 1936 »Billy« Wilder nennt,

im Rang eines Colonels für kurze Zeit nach Deutschland und ist Leiter der Filmabteilung der »Psychological Warfare Division of the U.S. Army in Germany«. In dieser Zeit beaufsichtigt Wilder, dessen Mutter, Stiefvater und Großmutter in Auschwitz ermordet worden waren, den Schnitt des KZ-Films »Die Todesmühlen«.

Nach seiner Rückkehr in die USA – seit 1939 ist er amerikanischer Staatsbürger – dreht er fast drei Dutzend Filme, darunter Romanzen (»Sabrina«, 1954), legendäre Kriminalfilme (»Zeugin der Anklage«, 1958) und Charakterstudien (»Das Privatleben des Sherlock Holmes«, 1970), rasante Komödien (»Eins, zwei, drei«, 1961; »Das Mädchen Irma La Douce«, 1963) sowie bissige Sozialkritiken (»Reporter des Satans«, 1951) und Milieustudien (»Sunset Boulevard«, 1950).

Sechs Oscars und 22 Oscar-Nominierungen markieren den künstlerischen Weg eines der bedeutendsten Regisseure des 20. Jahrhunderts.